AVENTURAS DEL AYER

-oOo-

UN COMPENDIO COMENTADO DE ANÁLISIS DE AVENTURAS CONVERSACIONALES NO PROFESIONALES

Recopilado, organizado y anotado por Juan José Muñoz Falcó

ISBN: 978-0-244-85818-6

(Versión impresa)

Los comentarios aparecidos en esta recopilación fueron publicados originalmente en los fanzines del CAAD (Club de Aventuras AD) entre los años 1991 y 1995.

Índice

PRÓLOGO
DEL AUTOR.

Estimado lector y aventurero:

Lo que tienes en tus manos es un compendio de comentarios de aventuras realizadas para ZX Spectrum, aunque también algunas de PC, hasta siete, estando incluso el Commodore Amiga representado con un título, llevando el total de comentarios a 42.

Todos esos análisis fueron publicados en diversos números del fanzine del CAAD, empezando con el número 13 del año 1991 y concluyendo con el 31, de 1995, a los que he añadido notas acerca de la trayectoria y otros trabajos del autor o autores, junto con otros datos de interés.

Muchos de estos títulos fueron participantes del concurso que se organizó desde la revista Microhobby junto con Aventuras AD. La mayoría fueron distribuidos de un modo artesanal o casero por sus autores, o a través del CAAD, contribuyendo a la difusión del género.

Ante la dificultad de distribuir en su formato nativo en cinta muchas de las aventuras participantes en el Concurso de Microhobby, la aparición del emulador de Pedro Gimeno para PC resultó providencial, permitiendo que gran cantidad de aventuras pudieran ser jugadas en esa plataforma. Esa es la razón de que a veces se haga mención a ello en los comentarios, puesto que se estaba probando la versión emulada en PC, no la original de Spectrum.

He pensado que este compendio puede ser de interés para los aficionados al género, pues podrán encontrar en el mismo lugar todos los comentarios aventureros publicados en el CAAD durante un lustro, sin tener que ir buscando de fanzine en fanzine.

Por supuesto, los nostálgicos también lo encontrarán atractivo no solo como referencia, sino también para tener otro fragmento de la historia de la Aventura en España con el que poder ver los orígenes creativos de algunos autores, su evolución, cómo se exprimían herramientas como el PAW o se daban los primeros pasos en el entonces nuevo terreno del PC.

Para todos ellos, y a cualquier otro que tenga interés en el tema, está dedicado este libro recopilatorio. Espero que os parezca útil y de nuevo os lleve en volandas a un tiempo pretérito, que curiosamente, hoy parece estar de nuevo tan activo como entonces. O más.

Nos leemos, y nunca mejor dicho.

Juanjo Muñoz

¿...?

CAAD 23, página 29
VERSIONES: Spectrum 48/128
COMPAÑÍA: Juana Pueblo Soft
AUTOR: Chape y Bobo
PRECIO: 450 pesetas
DISTRIBUIDOR: JP Soft/Federación
COMENTADOR: Javier San José

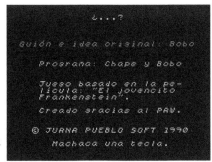

Esta aventura del nuevo grupo de programación JUANA PUEBLO SOFT se podría calificar entre las de temática de terror. Digo que se podría porque la aventura nos traslada a una tétrica mansión donde, nada más empezar, nos encontramos con el Barón tendido en el suelo diciéndonos algo así como que busquemos y le traigamos al monstruo.

Así empieza la historia que esta curiosa aventura, impregnada de ciertos toques humorísticos, desarrolla en una destartalada mansión habitada por un Barón, el cual, por cierto, parece ser sonámbulo ya que vaga de un lado a otro de la casa sin prestarnos mucha atención.

Dentro de la mansión habitan pocos pero curiosos personajes como la dulce ama de llaves del Barón o el borrachín del mayordomo, además de un monstruo que anda suelto por no se sabe dónde. No toda la aventura se desarrolla en el interior de la mansión, también podemos visitar el pueblo que tiene todo el aire de ser un pueblo fantasma abandonado por sus habitantes.

```
Nada más entrar te topas con una
inmensa librería. La habitación
está iluminada por unos
candelabros y unas velas.
Salidas: S

>¿I
Llevas:
el libro.
>¿EXAMINA CANDELABROS
Le faltan las velas.
>¿COGER VELAS
No hay de eso por aquí.
>¿AYUDA
Así no te la daré.
>¿LEER LIBRO
En uno de los parrafos lees: "A
los monstruos, como a las
fieras, les encanta la musica".
>¿?
```

Una sencilla historia en el más puro estilo de las películas de terror de blanco y negro para una aventura que se deja jugar desde el principio. Si algo hay que destacar de esta aventura es precisamente el que podemos recorrer gran cantidad de localidades sin apenas oponérsenos ningún obstáculo, lo cual es ya de por sí toda una virtud. Los PSIs están ahí pero nada más; no esperemos mantener largas conversaciones más allá del 'hola-que-tal' con ellos ya que no nos harán ni caso; en cambio sí nos lo harán cuando les demos el objeto adecuado. Las descripciones son escuetas, pero dado el elevado número de localidades parece justificable, aunque opino que sus autores deberían haberse esmerado un poco más en este aspecto. Los gráficos, pues lo siento para los amantes de ellos ya que esta aventura no tiene ninguno.

Una aventura ciertamente mejorable pero que cumple con su cometido que es el de entretener un rato sin demasiadas pretensiones.

AMBIENTACIÓN: 5
JUGABILIDAD: 6
GRÁFICOS: -
GUION: 6
DIFICULTAD: 7
VALORACIÓN GENERAL: 5

Nota del autor: Los chicos de Juana Pueblo Soft (Chape y Bobo, seudónimos de Francisco Gosálbez Martínez y Vicente Tobarra López), realizaron dos aventuras para Spectrum con el PAW en 1990. La primera es la de interrogante título que acabas de ver, y la segunda, una de corte mitológico llamada Odisea, cuyo análisis también se puede encontrar en este compendio. El juego aquí comentado fue idea de Vicente, que desarrolló el guion y colaboró en la programación. La aventura tiene cierto control con las palabras malsonantes que empleemos, y tras dos advertencias reiniciará la partida. Resulta curioso el modo de pedir ayuda, nombrando primero el nombre de la compañía, para hacer aparentemente una invocación. Entonces podremos pedirle ayuda directamente a la todopoderosa Juana, aunque solo en tres ocasiones. En el CAAD, la aventura era publicitada del siguiente modo: En una noche de frío, tormenta y rayos, el barón Von Fly se disponía a devolver la vida

a un muerto. Tras el experimento, el monstruo escapó, y tu misión como Igor, ayudante del barón, es encontrar y llevar a Frankie a presencia de Von Fly. Basada en la película "El Jovencito Frankenstein".

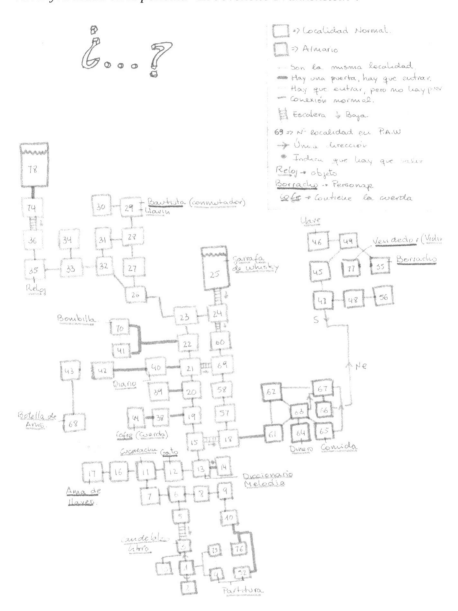

ACHÚS, BABILONIA

CAAD 26, página 62

VERSIONES: Spectrum 128

COMPAÑÍA: Peñazo Soft

AUTOR: Hermanos Jara de las Heras

PRECIO: 350 pesetas

DISTRIBUIDOR: CAAD/Federación

COMENTADOR: El Caballero Heavy

Peñazo Soft, tras su genial aventura "El Arte de la Fuga", vuelve a la carga con otra de mismo corte humorístico: "Achús, Babilonia". El argumento nos dice que, en una noche lluviosa y constipados, tras pegarnos un tortazo con el coche cuando estábamos llevando un prototipo de cadena para cisternas a EXPOFLOASH'92 (una feria universal de cisternas de inodoro que en esta ocasión se celebra en Lepe) debemos refugiarnos en un pueblo cercano a la carretera. Nuestra misión: Llegar a Lepe a tiempo.

Como os podéis imaginar, la aventura rebosa humor por todos los lados (a veces algo escatológico y un poco bestia, como en una escena que a la protectora de animales no le haría mucha gracia). Si hablamos de los gráficos, quizás están un poco por debajo de los de su anterior trabajo, además se recomienda mirarlos en un televisor en blanco y negro, ya que están trabajados a base de grises. Igualmente mantienen un buen nivel, además de que algunos cambian según algunas acciones (abres una puerta y en el gráfico se abre la puerta). También nos serán útiles para avanzar en el juego, ya que los objetos que aparecen en el gráfico y no están en la descripción, pueden ser examinados y algunos incluso manejados. Está bien ambientado, el guión bien construido y claro está, en plan humorístico.

En pantalla, a la derecha, aparecen un par de marcadores que nos serán de utilidad. Uno nos informa de nuestro estado gripal (recordemos que es una noche lluviosa y estamos constipados hasta los topes) y el otro marcador nos muestra el peso que llevamos encima, o sea, el total de todos los objetos cogidos. Estos marcadores usan el sistema de unas barras que se alargan o se acortan según el estado gripal o el peso.

Las instrucciones que acompañan al juego aunque simples, están realmente bien. En cuanto a los Psis, no he encontrado muchos, alguno de bien trabajado y otros más simples, pero por lo que he visto no abundan. Lo que si abundan son animales y bichos. La jugabilidad es buena ya que se nos informa bien de la mayoría de las cosas y está el detalle de poder solucionar el mismo problema de distintas formas, algo que siempre es de agradecer, ya que la aventura es algo difícil en algunos lugares. Pero, desde cualquier punto de vista, aunque a veces las soluciones son para troncharse de risa, se puede usar la lógica.

Respecto al sonido, no hay, pero hay una curiosa opción: Si pulsamos el PLAY del cassette después de haber cargado la aventura (y sin quitar la cinta del cassette, claro está), escucharemos "ruidillos musicales" que suenan a grandes coros.

El título del juego, os preguntaréis a qué se debe, y es que el Achús es debido a que se convertirá en nuestra palabra favorita tras repetirla mil veces por el juego con nuestro constipado, y Babilonia, es el hotel donde nos hospedaremos en el pueblo (y lugar donde tendremos una desgraciada sorpresa nada más instalarnos en él).

Resumiendo: Otra buena aventura humorística de Peñazo Soft, que atraerá a todo aventurero que haya jugado a "El Arte de La Fuga". Y si no conoces aún las aventuras de Peñazo Soft, descúbrelas ya.

AMBIENTACIÓN: 8
JUGABILIDAD: 7,5
GRÁFICOS: 8
GUION: 8
DIFICULTAD: 8,5
VALORACIÓN GENERAL: 8,5

Nota del autor: Peñazo Soft era una compañía totalmente familiar, dado que sus dos miembros eran los hermanos jienenses Antonio y Víctor Manuel Jara de las Heras. Realizaron dos aventuras, El Arte de la Fuga, su ópera prima, y la que aquí se trata, Achús Babilonia, ambas realizadas con el PAW para Spectrum 128. Los chicos de Peñazo Soft también gustaban de un tipo particular de humor, lo que puede gustar o no, quitar ambiente o no, pero ciertamente te puede arrancar una sonrisa. Quizá sea un primerizo ejemplo de lo que se ha dado en llamar "disonancia ludonarrativa", pero para mí es simple cachondeo. Mirad en la captura de pantalla lo que pasa si intentas atravesar una puerta cerrada...

BARBARIAN QUEST

CAAD 31, página 39

VERSIONES: PC

AUTOR: Josep Coletes Caubet

COMENTADOR: Aquel que odia
a Chiquito de la Calzada

DISTRIBUIDOR: Darkkat Adventures

Lo siento por algún lector pero tengo que hablar bien. Sorpresa y admiración son las emociones que me embargan al jugar con este gran programa al que no le falta casi nada. Barbarian Quest es la aventura conversacional animada del año, y este ataque de incontrolada euforia se debe a que:

1º– Posee un desarrollo ameno e interesante. La emoción nunca decae y a cada paso te encuentras con múltiples sorpresas que animan a continuar.

2º– Los textos... graciosos. Sin grandes faltas de ortografía (aunque nunca me fijo en ellas). Algunas conversaciones son desternillantes y están resueltas con un gran sentido sano del humor.

3º– ¡Qué grande es el Spectrum y su escuela!, ya que los gráficos me recuerdan a este ordenador porque se ha utilizado un sistema a la vez que eficaz, bastante correcto. Está claro que nadie puede dibujar un buen dibujo con 256 colores y que salga bien, pero si usas el sistema del autor puedes obtener resultados medio-altos con lo que el problema de los gráficos queda ampliamente solucionado.

4º– La adicción es altísima ya que los problemas son lógicos a la vez que divertidos.

5º– Y lo más importante, la técnica. Este apartado merece una especial atención:

El juego se ha realizado sobre un parser pensado únicamente para aventuras conversacionales, el NMP. Un gran parser que permite el desbordamiento de la imaginación del autor de aventuras pero que como entorno de aventuras conversacionales animadas no parecía adecuado, pero aquí entra en escena Josep Coletes el cual ha logrado algo imposible e impensable, crear su juego con esta herramienta, lo que me indica que es un genial programador con una enorme tenacidad y que el NMP es el mejor parser que actualmente se puede adquirir en el mercado.

La aventura ha requerido un ingente esfuerzo de su creador y eso se nota nada más juegues un momento con ella. Sólo has de ver la cantidad de ficheros gráficos, animaciones, iconos, mensajes... y no sé cuantas decenas de cosas más.

Mientras lo haces, te contaré que no has de temer por tu Orden. Las viejas Ordenes serán restablecidas, y ahora tú deberás ocupar el lugar de Kenyamotep...

6º– El argumento del programa así como la historia previa no son un alarde de imaginación pero, sinceramente, creo que a casi nadie le importa siempre que el juego esté bien (y este lo está). No contaré en estas líneas nada de estos temas para que el lector que le interese saber algo más compre la aventura.

Como habéis podido leer el comentario es reducido porque la palabra más baja que le puedo dar al juego es... ¡¡¡EXTRAORDINARIO!!!

Pecado mortal no comprarlo. ¿Qué haces leyendo esta página si aún no has pedido el programa?

AMBIENTACIÓN: 9
JUGABILIDAD: 9
SONIDO: 7
GUION: 5
DIFICULTAD: 7
VALORACIÓN GENERAL: 9

Nota del autor: ¿Qué se puede decir de Josep Coletes? Lo mínimo, que es uno de los autores más prolíficos del panorama aventurero español. Ha estado realizando aventuras durante más de 20 años, para Spectrum en su mayor parte y durante tiempos en los que el retro no solo no disfrutaba del actual renacimiento, sino que casi estaba mal visto por algunos, considerado como retrógrado. Ha creado sagas y personajes protagonistas que incluso aparecen como secundarios en otras de sus obras, y a la innegable calidad de sus trabajos, se une un espíritu innovador. ¿Que me lleva a decir esto? El caso que aquí se trata, Barbarian Quest.

Ya hemos visto en el comentario que es una aventura para PC realizada en 1995, hace un cuarto de siglo ya, empleando el parser NMP de Carlos Sánchez –que se cayó virtualmente de espaldas cuando vio lo que había hecho Josep con su parser– aunque curiosamente, para la intro del juego se utilizó el SINTAC G2 de Javier San José. La particularidad es Josep que ha logrado crear un híbrido de aventura gráfica y conversacional, muy al estilo de los primeros King's Quest o Space Quest de Sierra. De hecho, el mismo Josep comentó lo siguiente acerca de su creación en los foros del CAAD: "Tiene las limitaciones de las aventuras gráficas (por si no te habías dado cuenta estás jugando una aventura gráfica que se maneja con órdenes conversacionales, de ahí que sea una mezcla de aventura conversacional y gráfica. De hecho las primeras aventuras gráficas de Sierra se manejaban de una forma similar). Por ejemplo en cuanto a verbos tiene menos limitaciones que las aventuras gráficas de la época, ya que Maniac Mansion, Monkey Island, Simon the Sorcerer etc, tenían muchos menos verbos donde elegir que en Barbarian Quest, ya que éste tiene prácticamente el triple".

Se podría hablar durante páginas y páginas de este prolífico autor. Empezó en los inicios de las aventuras homegrown, siguió con el Spectrum cuando todos lo habían abandonado, innovó con el PC, experimentó con varios parsers en PC y tiene un listado de creaciones envidiable, además de ser un gran comentarista de aventuras –muchos de los comentarios de esta compilación son suyos– agradable en el trato e incluso modesto. Me localizó y contactó hace quince años solicitando autorización para emplear el juego de 42 caracteres por línea usado por Aventuras AD en Spectrum, mientras trabajaba en su saga de Lucybel. Y paro ya, aunque este señor se merece un monográfico dedicado a su obra. Quizá en algún futuro número del CAAD...

COLÓN 1492

CAAD 30, página 17

VERSIONES: Spectrum 128k

COMPAÑÍA: Imperial Soft

AUTOR: Fernando Arellano y Gustavo Arellano

PRECIO: 500 pesetas

DISTRIBUIDOR : Imperial Soft

COMENTADOR: Cristóbal Colón

Ya me parecía raro que nadie intentara «en serio» programar un conversacional que se basara en las fabulosas aventuras que protagonicé! IMPERIAL SOFTWARE aceptó el reto aprovechando la celebración del V Centenario de MI descubrimiento. Y he de dejar patente que, aunque nunca (en vida) me dí cuenta de ello, el descubrimiento del nuevo continente fue mío, solo mío y riada más que mío. Pero de este tema me extenderé cuando lo vea oportuno, ahora lo que nos importa es analizar este prometedor programa. Lástima que mi SPECTRUM sea de solo 48K, ya que la aventura solo funciona en los 128k. Afortunadamente, San Pedro me ha dejado el suyo y podré comentaros esta aventura. He de hacerlo rápidamente, ya que si el Arcángel San Gabriel me va jugando en vez de ensayando con la trompa celestial, me buscará un lío bien gordo…

Y empiezo con el argumento, de todos conocido. Convencido de la esfericidad de la Tierra, y de que era posible llegar a Oriente por Occidente, un servidor marcha a la Corte de Portugal con la ilusión de que el Rey aceptara mis teorías y las apoyara. Desgraciadamente, todos me tomaron por loco y, tras un largo periodo de descanso y reflexión, decidí poner rumbo a las poderosas tierras españolas. El objetivo del jugador es el siguiente. Tendrás que encarnar mi persona. buscar por los más famosos pueblos de España a gente influyente que te permitirán (si reciben el trato correcto y les expones tus teorías) estar delante de Sus Majestades los Reyes Católicos e intentar convencerlos para que te ayuden en tu arriesgado viaje. ¡Qué tiempos aquellos!

La aventura en sí es más que correcta. El embalaje es correcto. Los gráficos están bien y lo mejor es que todas las localidades los poseen. El ambiente está muy logrado gracias al efecto día-noche y a los más de veinte personajes que «habitan» la aventura. El tratamiento de los PSI's está increíblemente conseguido gracias a que todos ellos poseen sus propios rasgos faciales, personalidad e incluso animación. La jugabilidad (este punto es el más importante) es, debido a la elevada dificultad, aceptable sin más. El guión está bien desarrollado. Todo cuadra casi a la perfección. Y el final... mejor no lo comento para que veáis vosotros mismos que aún se pueden hacer maravillas con este aparatito. La verdad es que tiene tantas cosas positivas que listarlas me llevaría medio fanzine. 56 que está mal que lo diga yo, pero es la mejor aventura que he visto en mi vida (o, mejor dicho, en mi muerte). Y llegaría a ser la más perfecta si no llega a ser por el llamado «factor prisa». El sistema de entrada de comandos es muy malo, el diálogo de los personajes es más bien justito, la dificultad (como dije anteriormente) es elevadísima (pero no es imposible), el desarrollo del programa en general es más lento que un PC sin disco duro. Y por no hablar de algunos errores destacables como pueden ser los ortográficos (aunque no hay muchas faltas) y tres abreviaturas que te dan en las instrucciones y que no sirven porque el intérprete no las entiende.

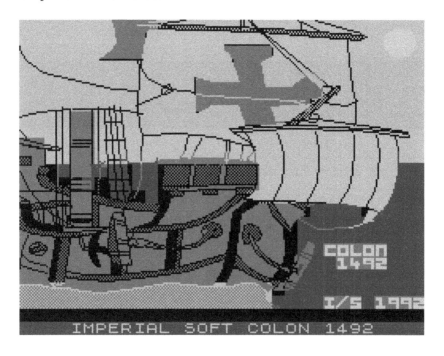

Ahora que ha salido a relucir lo del intérprete, he de comunicaros que el sistema utilizado es el PAWS en inglés. Debo suponer que han utilizado este sistema por la falta de tildes, eñes y demás rasgos que hacen de la grafía del castellano diferente a la inglesa. La verdad es que posee fallos como para ocupar el otro medio fanzine.

Antes de continuar, aclarar una cosa. No os asustéis por el anterior párrafo. La aventura es perfectamente jugable. Lo que pasa es que los autores no han probado demasiado su producto, y solo se han preocupado de una buena ilustración, dejando de lado el texto, o lo que es lo mismo, todo el encanto de la aventura conversacional. Os decía lo de la lentitud. Los más veteranos habrán pensado «Para agilizar el programa, basta con un -SOLO TEXTO-», pero lamento comunicaros que el programa carece de este comando. Y ya en el fin del camino, no dejaré de insistir en un punto: La aventura es buena, lo único que pasa es que le falta «testeo». Se la recomiendo a todos y todas mis fans, a mis parientes y entre nosotros, a los aventureros exigentes de dificultad (ya que acabarla os llevará semanas). En general, no os haréis ningún mal adquiriendo esta aventura Y ahora sí que no me queda más remedio que terminar. El Arcángel San Gabriel me ha visto y viene raudo hacia aquí. Hasta pronto...

AMBIENTACIÓN: 7
JUGABILIDAD: 6,5
GRÁFICOS: 7
GUION: 6
DIFICULTAD: 9
VALORACIÓN GENERAL: 7

Nota del autor: Otra aventura desarrollada en un entorno familiar, literalmente hablando, y que adolecía de falta de depuración por un período de pruebas breve, o haber sido realizado este por los mismos autores. La idea era muy original y el momento del lanzamiento de lo más apropiado. Incluir alternancias día/noche así como la necesidad de alimentarnos y descansar añade dificultad pero también realismo.

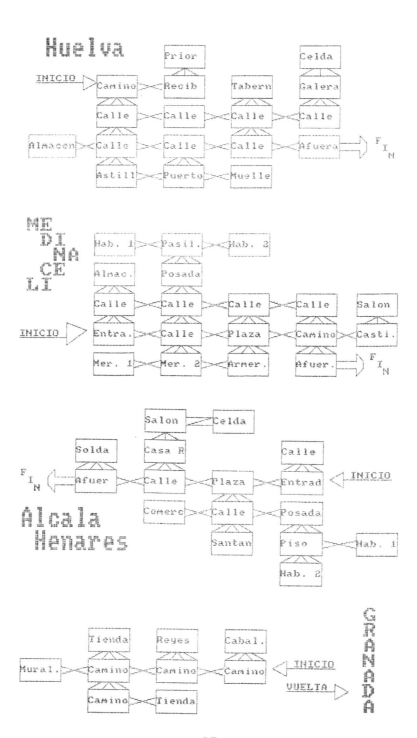

Huelva

```
                        Prior                    Celda
INICIO >  Camino >< Recib       Tabern      Galera
          Calle  >< Calle  >< Calle  >< Calle
Almacen>< Calle  >< Calle  >< Calle  >< Afuera >  F
                                                  I
                                                  N
          Astill >< Puerto >< Muelle
```

ME
DI
NA
CE
LI

```
          Hab. 1 >< Pasil. >< Hab. 2
          Almac.    Posada
          Calle  >< Calle  >< Calle  >< Calle    Salon
INICIO >  Entra. >< Calle  >< Plaza  >< Camino >< Casti.
          Mer. 1 >< Mer. 2 >< Armer.    Afuer. >  F
                                                  I
                                                  N
```

```
                    Salon      Celda
          Solda     Casa R                 Calle
F         Afuer  >< Calle  >< Plaza  >< Entrad <  INICIO
I
N
                    Comerc >< Calle  >< Posada
```

Alcala
Henares

```
                    Santan     Piso   >< Hab. 1
                               Hab. 2
```

```
          Tienda    Reyes      Cabal.
Mural. >< Camino >< Camino >< Camino <  INICIO
          Camino >< Tienda            VUELTA >
```

GRANADA

- 25 -

DON QUIJOTE DE LA MANCHA

CAAD 26, página 63

VERSIONES: Emulador Spectrum

COMPAÑÍA: Aventuras Level 10

AUTOR: Jorge Louzao Penalva

PRECIO: Dominio Público

DISTRIBUIDOR: CAAD Dominio Público/IMD Comp.

COMENTADOR: El Caballero Heavy

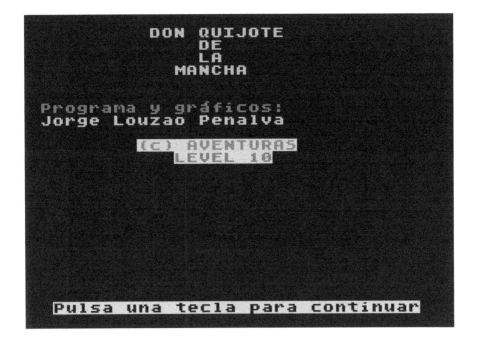

"Quixote" es una aventura de Jorge Louzao Penalva (LEVEL 10, para más señas) en la que viviremos aquel famoso capítulo del Quijote titulado "Don Quijote en el laberinto de Minos". No, no, no hace falta que lo busquéis en la inmortal obra de Cervantes, que no lo encontraréis. Donde sí que encontraréis la mayoría de las acciones y situaciones de este juego es en el "Don Quijote" de AD, ya que más que una versión es un calco de la misma. Y os preguntaréis… ¿y a qué viene lo de el laberinto de Minos? La respuesta (y la diferencia (además de otras) con la aventura de AD es muy sencilla: nada más salir de casa ir de un lugar a otro será un tremendo lío, pues por todos lados hay laberintos. A veces son lógicos y otras veces ilógicos. Menuda gracia me ha hecho ver que la casa de nuestro amigo y compañero de aventuras Sancho era un laberinto ilógico de pasillos. ¡Más bien parecía entrar en la mansión del Boyer! y para colmo iba montado encima de Rocinante cabalgando por los pasillos.

```
Estás en la biblioteca de tu
casa, las estanterías están
llenas de libros de caballerias.
LEER LIBRO
Coges un libro al azar y lo
empiezas a leer. No es un libro
de lo que a tí te gusta.
LEVEL10
(C) AVENTURAS LEVEL 10
Gracias a todos los
colaboradores: Angel Louzao
Penalva, Luis Gabaldón Alvarez y
a mis musas.
AYUDA
No puedes hacer eso.
SALIDAS
Salidas visibles:Oeste
I
Llevas:
Absolutamente nada.
```

No dudo que en la Mancha haya caminos, ¡pero es que en esta aventura ha metido hasta los de las hormigas!, pues te haces un hartón de ir por ellos. Y dejando de lado tanto camino y tanto laberinto, hay que decir que la aventura en cuestión no tiene gráficos (al menos yo no los he encontrado), que los PSIs haberlos haylos, pero que son tan callados y poco serviciales que a veces no sabes si Sancho se ha muerto o si está echando una siesta en medio de la aventura. En cuanto a la jugabilidad, pues a veces hay que especificar bastante las acciones (sobre todo en el típico tratamiento con contenedores).

Quizás he sido un poco duro en este comentario, pues si esta aventura es la ópera prima de Jorge (que no lo sé) entonces se comprende la mayoría de errores, pero también tendréis que reconocer que ha llovido mucho desde la primera aventura española, con lo que ya no debemos volver al pasado con aventuras que pertenecen más a él que al presente.

MI OPINIÓN: No debemos retrasar el duro camino de la aventura en España repitiendo esquemas de las primeras aventuras españolas, y menos abusando luego metiendo laberintos a manta. Quizás el autor debería haberse leído la obra de Cervantes antes de hacer esta aventura y se daría cuenta qué poco tiene que ver con su aventura. Conclusión final: Recomendado para los "Teseos" incansables y sin demasiadas aspiraciones.

AMBIENTACIÓN: 4
JUGABILIDAD: 6
GRÁFICOS: -
GUION: 3
DIFICULTAD: 7
VALORACIÓN GENERAL: 4

Nota del autor: Jorge Louzao fue un prolífico participante en la sección de dudas de la sección El Viejo Archivero en la revista Microhobby, y posteriormente en el CAAD. Llegó a ser tan recurrente que Eva empezó a llamarlo Jorgillo, por resultarle tan familiar su aparición entre las cartas con dudas. Jorge también mostró una querencia por el Viejo de los Cárpatos, ya que su otra creación aventurera –participante del Concurso– tenía el título de "El Viejo Archivero", parte de la acción transcurría en su castillo y aparecían todos los personajes de la sección. El título del juego aquí comentado nos muestra que Jorge es un amante de los homenajes, y el nombre que escogió para su compañía también lo demuestra… llevando a Level 9 un nivel más allá.

DR JEKYLL VS MR HYDE

CAAD 25, página 40

VERSIONES: Spectrum

AUTOR: Morbosoft

PRECIO: No distribuida

DISTRIBUIDOR: No distribuida

COMENTADOR: Javier San José

Supongo que la mayoría habréis oído hablar sobre el Dr. Jekyll. Sí, aquel científico que inventó una droga que desdoblaba la personalidad haciendo que unas veces aflorase el lado oscuro (no, no hablo de Darth Vader).

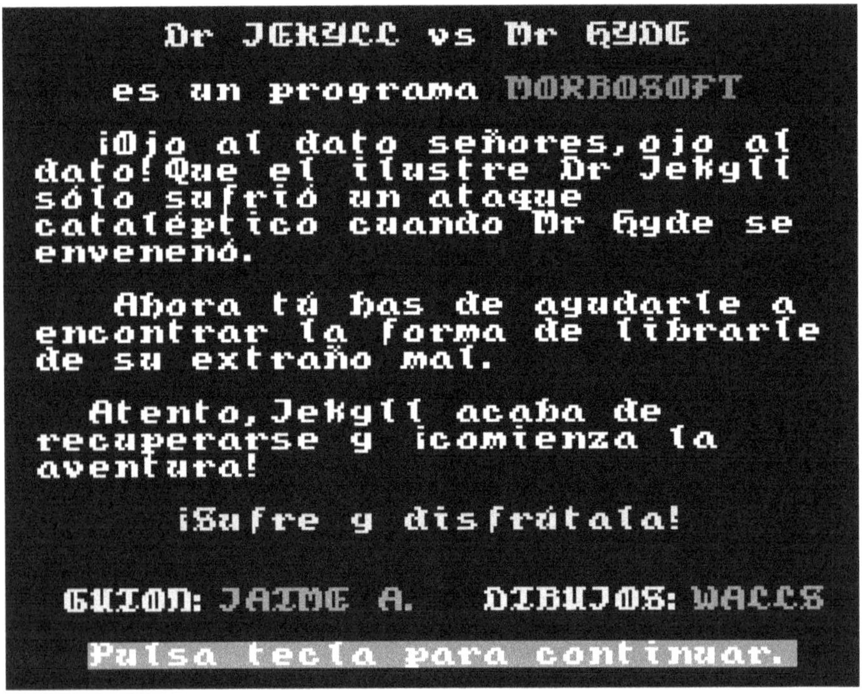

De la mano de Morbosoft nos llega una desternillante aventura basada en este extraño personaje. Se nos propone todo un reto, librar a Jekyll de su perverso lado oscuro Hyde, todo ello cargado de un gran sentido del humor que refleja el buen hacer de sus autores.

La aventura empieza de la forma más extraña. Hay aventura en la que empiezas en medio de un bosque, o en una casa o algo así, pero no, en esta empiezas metido en... ¡un ataúd!. Sí, sí en una ataúd, dentro del panteón familiar, pero eso sí, con muy buena compañía: el abuelo y la tía, ¡¡¡muertos!!! (brr, empiezo a sentir escalofríos).

Y que pasa con Hyde. Pues que en el momento más inoportuno surge y comienza a dar la lata, pero dar la lata de verdad ya que se va por donde le va en gana y hace tres cuartos de lo mismo, de tal forma que hasta que el señor Jekyll no regresa perdemos el control momentáneamente. Es en este punto donde la aventura gana varios ídems.

Luego están los gráficos que, considerando la calidad media de las aventuras que circulan por ahí, no están mal incluso algunos está bastante por encima de lo que es habitual.

En fin, si te gusta el terror y quieres reírte un rato te aconsejo que pruebes esta aventura. No te arrepentirás.

AMBIENTACIÓN: 7
JUGABILIDAD: 8
GRÁFICOS: 7
GUION: 7
DIFICULTAD: 6
VALORACIÓN GENERAL: 7

Nota del autor: Los chicos de Morbosoft decidieron no distribuir la aventura en espera de realizar más versiones con el DAAD. La versión Amiga prometía, pero finalmente no se concluyó ninguna otra más que la original de Spectrum, quedando inédita la aventura.

EL ARTE DE LA FUGA

CAAD 18, página 17

VERSIONES: Spectrum 128

COMPAÑÍA: Peñazo Soft

AUTOR: Antonio Jara de las Heras

PRECIO: 350 pesetas

DISTRIBUIDOR: Peñazo Soft

COMENTADOR: El Caballero Heavy

Buena aventura esta que nos presenta Peñazo Soft, original y divertida. Unos buenos gráficos y simpáticos personajes nos acompañarán durante nuestra estancia en un campo de concentración nazi, donde, junto a nuestro copiloto, hemos ido a parar por desgracia. Un reloj nos informará constantemente del tiempo y por tanto de la hora de cumplir nuestros deberes como prisioneros (léase pasar lista, comer, etc.) que en un papel en la primera localidad en que aparecemos están escritas.

Con un guión muy a la videoaventura THE GREAT ESCAPE, nos veremos envueltos en una aventura humorística en la que a medida que transcurren los días avanzaremos hacia la solución final: huir del campo de concentración. Todos los objetos cogibles (cerca de medio millón, o falta poco) se pueden examinar, además nos hemos de fijar en los que vemos en el gráfico y no salen en la descripción de localidad.

Incluso se ha previsto que haya situaciones que se puedan solucionar de diferentes formas, como ocurría con aquella vieja aventura española llamada ABRACADABRA en la 2ª parte. La dificultad es bastante aceptable y la jugabilidad correcta. todo sucede con lógica y si hay algo complicado, el autor/es nos dan todo lo que necesitamos para saber cómo se hace.

Los PSIs están en su lugar, además de que todos pueden moverse y lo hacen inteligentemente, es decir, según la hora que sea se van a un lugar o a otro. Lo que ya no sé, es si el movimiento de todos es real o simulado (el sargento Zeruyo y alguno más me parece que es real) ya que el programa sólo nos dice que tal personaje "se va". Los personajes entienden el coger-dejar (pueden llevar objetos) y algunas cosas más, pero principalmente el tratamiento con ellos es el típico de darles un objeto determinado. Algunos reaccionan dependiendo del objeto que llevamos o si hemos hecho alguna gamberrada (chorizar algún objeto, por ejemplo).

Hasta aquí todo muy bien, pero hay algunas cosas que pueden mosquear un poco (¡o bastante si jugamos merendando, je!) y es que nos han puesto un escenario en el que las cosas repugnantes están a la orden del día (objetos cogibles con su descripción o los lavabos, por ejemplo). O sea, un humor bastante escatológico.

En fin, una aventura muy recomendable, con buenos detalles, con la que las horas os pasarán volando viendo a Indiana Jones o a Christian Dior deambular por este particular campo de concentración. Tal como dice la pantalla de presentación, "juego mu vueno". Esperamos ansiosamente nuevas producciones de los "refinados" chicos de Peñazo Soft.

AMBIENTACIÓN: 7,5
JUGABILIDAD: 7
GRÁFICOS: 8,5
GUION: 8
DIFICULTAD: 7
VALORACIÓN GENERAL: 8

Nota del autor: "El Arte de la Fuga" es la primera creación de los hermanos Jara de las Heras, Antonio (el menor) y Víctor Manuel, realizada entre 1991 y 1992. Resulta interesante por su temática y entorno de desarrollo, muy similares a la videoaventura de Ocean "The Great Escape", como acertadamente se indica en el comentario de El Caballero Heavy. Ya se ha indicado en la nota de "Achús Babilonia", su segunda y última aventura, que los chicos de Peñazo Soft gustaban de un tipo particular de humor, y en esta ocasión me refiero a referencias, valga

la redundancia. Por ejemplo, el protagonista se llama Francis Matthews, nada inusual en un nombre británico. Su asistente se llama Folouming, que ya empieza a sonar rarito, por muy javanés que pretenda ser. La gracia está en un programa de TV realizado a finales de los 70, pero emitido en España en plenos 80, en la 2 de RTVE. Se trataba de un curso de inglés, cuyo presentador se llamaba... Francis Matthews. ¿Y cual era el título del programa? ¡Follow Me!

El Arte de la Fuga
(Aventura Conversacional)

Sí, atención señora y señores, un juego buenissimo pa divertirse y pa jugá con él, y no pa burrirse como le passa a los menos a este que es, unais timos una vez máz,

BUENISSIMO

Beamos a continuación unas de talliyas ténicas:

» » Cerca de las cientas, con D, de havitaciones,

cada una con su gráfico (aunque alguna es te repés).

» » Nueve **PSI**.

» » Cerca de cien objetos.

» » Un fin tremendo.

Precio: 350 Pesetas ¡Que poco!	
Forma de Pago: Giro Postal a Antonio Jara de las Heras Avda. Madrid, 27 - 7° 23008 - JAEN ☎ (953) 25 64 93	**SOLO EN CINTA SPECTRUM 128 K**

En fin, hay guiños que envejecen mejor que otros, pero para pillar este se requiere de un conocimiento de las series divulgativas de la televisión anglo-española de los 80. La descripción del juego en el listado de la Federación era tal como sigue: "Eres Francis Matthews, un piloto aliado *capturado por los alemanes junto a tu navegante oriental Folouming en la Segunda Guerra Mundial. Debido a una intoxicación masiva, la vigilancia en tu prisión está bajo mínimos, por lo que ha llegado tu ocasión de escapar. La más humorística aventura del mercado". Antonio habló un poco sobre sí mismo en la lista de correo del CAAD, allá por 1998, manifestando lo siguiente: "No soy, por más que esto pueda sorprender a alguien, un gran aficionado a jugar aventuras, sino que más bien me gusta crearlas. Sin embargo, puedo asegurar que ciertas aventuras de excepcional calidad, como el "Hobbit" o "Espejos", sí que me llegaron al corazón".*

EL CASTILLO DEL MAGO

CAAD 30, página 27

VERSIONES: PC

AUTOR: Juan Gabriel Covas Egea

DI5TRIBUIDOR COMERCIAL: Aventuras ACC

PRECIO COMERCIAL: 600 pesetas

DISTRIBUIDOR SHAREWARE: CAAD Dominio Público

COMENTADOR: Javier San José

Esta aventura es la «ópera prima» de AVENTURAS ACC, un grupo de programación de aventuras de origen balear. El argumento de la aventura es el consabido rescate de la princesa, raptada por el mago malo de turno y prisionera en su castillo. Nosotros como buenos caballeros que somos intentaremos rescatar a la bella princesa y de paso masacraremos a todo bicho viviente que se nos ponga por delante, típico dragón incluido.

La aventura se desarrolla en dos partes. En la primera debemos recolectar una serie de objetos sin los cuales no podremos acceder al interior del castillo. La búsqueda sucede en un bosque alrededor del castillo del mago. En la entrada del castillo hay un personaje que nos informará si llevamos o no los objetos necesarios (¿y por qué no ha ido él a buscarlos? ¿eh?).

Dentro del castillo nos enfrentaremos a los típicos pasadizos secretos, a diversas trampas (también típicas... ¿a alguien le suena lo del foso con pinchos?) y a los típicos monstruos que habitan en los castillos medievales. Ni que decir que el mago de esta aventura no es menos que otros y desaparecerá al ser invocado el típico hechizo de destrucción.

En fin, la típica aventura de ambientación fantástica.

En el aspecto técnico la aventura no sobresale demasiado. Ha sido escrita en BASIC lo cual se nota en el aspecto general; sobre todo en la rutina de INPUT. Sólo dispone de gráficos en la presentación y al finalizar el juego (tanto por muerte del personaje como por habernos acabado la aventura). Estos gráficos son bastante rudimentarios ya que están dibujados para CGA. Hay también algún que otro sonido, pero no aporta nada al juego en sí.

La aventura se deja jugar, sobre todo debido al bajo grado de dificultad que presenta. Quizá los PSIs pudiesen mejorarse bastante, pero no vamos a pedir demasiado a los chicos de ACC en esta primera aventura. Comparándola con aventuras de similares características para PC esta queda en bastante buen lugar, aunque recuerdo que de momento son contadas las aventuras conversacionales de producción nacional que hay disponibles para este ordenador.

En fin, una aventura que agradará a los principiantes, pero que a los aventureros más veteranos aburrirá porque no aporta nada nuevo ni interesante que no se haya visto ya antes.

AMBIENTACIÓN: 5

JUGABILIDAD: 6

GRÁFICOS: 4

GUION: 5

DIFICULTAD: 5

VALORACIÓN GENERAL: 5

Nota del autor: Juan Gabriel Covas realizó un total de tres aventuras, todas ellas para PC, a través de su sello Aventuras ACC. "El Castillo del Mago" comentada aquí, "Witch-Cult" y "Aventura en Vietnam", que constaba de tres episodios y fue realizada en colaboración con Jonás Cañellas Gómez y Pedro Garau Pérez.

EL CRUZADO

CAAD 23, página 33

VERSIONES: Spectrum

COMPAÑÍA: Nuevo Software Español

AUTOR: Julio García Ibarbuen

PRECIO: Dominio Público

DISTRIBUIDOR: CAAD Dominio Público/IMD Comp.

COMENTADOR: Josep Coletes Caubet

He observado que es una aventura sin gráficos y por lo tanto más amplia que otras. Quizás sea algo negativo que sólo se puedan teclear los verbos en 1ª persona y no también en infinitivo. Las descripciones son buenas y ambientan. El guión también está logrado y la aventura en conjunto da buena impresión y se deja jugar.

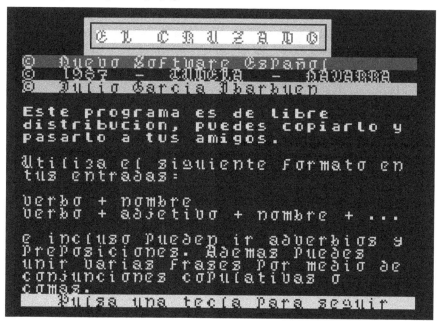

Quizás se debería informar al jugador más en algunos puntos (por lo que he visto, del foso del castillo no se habla por ningún lado) y hay algún error de programación (escribes ENTRA CASA HERRERO en el pueblo... ¡y resulta que entras en la taberna!).

No me ha gustado el sistema de grabar a RAM y cargar de RAM, pues sólo tecleando RAM se graba en un momento y se carga en otro, y vuelve a grabar... sin dejarte opción a cargar o grabar una situación determinada cuando quieras hacer una cosa u otra. Demasiado poco elástico para los aventureros. Es más útil el clásico RAMLOAD y aparte el RAMSAVE... y el sistema de grabación a cinta parece no funcionar, pues graba pero luego no carga (?) (además no te deja poner el nombre de lo que cargas o grabas).

Pero en líneas generales la aventura divierte y es variada en situaciones. Se puede decir que está perfectamente a la altura de muchas de las que crean las compañías independientes de venta por correo.

AMBIENTACIÓN: 8
JUGABILIDAD: 7
GRÁFICOS: -
GUION: 7,5
DIFICULTAD: 7
VALORACIÓN GENERAL: 7

Nota del autor: El pamplonés Julio García Ibarbuen tan solo realizó esta aventura, en la que se reúnen varias características distintivas y en cierto modo inusuales. En primer lugar es una de las primeras aventuras caseras, siendo realizada en 1987. En segundo, su distribución era libre, permitiéndose la copia y libre distribución e incluso animando a ello en la primera pantalla del juego. Finalmente, el mismo autor incluía sus datos personales para que cualquier jugador pudiera ponerse en contacto con él en busca de ayuda sobre el juego.

EL ESPACIO MALIGNO

CAAD 24, página 39

VERSIONES: Spectrum

AUTOR: Daniel Pérez Espinosa y Raúl Ortega Palacios

PRECIO: Dominio Público

DISTRIBUIDOR: CAAD Dominio Público

COMENTADOR: El Caballero Heavy

En esta ocasión nos encontramos ante una buena aventura a la que tan sólo algunos "puntos negros" le restan enteros. Para empezar decir que esta vez la cosa va de "Espada y Brujería", por lo que podréis suponer que habrá los típicos magos, guerreros, elfos y castillos, además de algún que otro horripilante monstruo.

Un malvado brujo ha convocado a las fuerzas del mal para que invadan el Reino Fantástico, mediante una zona que avanza lentamente de Sur a Norte llamada "El Espacio Maligno". Todo bicho viviente que entra o es alcanzado por ella se convierte en un ser maligno. Nosotros debemos detener su avance acabando con el malo de turno.

Tiene dos partes, en la 1ª hay que buscar el medio para llegar lo más cerca posible del malvado de turno a la vez que buscamos las armas que acabarán con él (la corona psicotantánica, una pócima para poder entrar en el espacio maligno sin que nos afecte, etc.), y en la segunda, darle muerte en su castillo. Dicho esto pues, pasemos a destripar la aventura.

Veamos sus virtudes y sus defectos:

Gráficos: A pesar de que sólo aparecen cuando hay algún enemigo, están bien realizados y ambientan, que siempre eso es importante. Además, las completas descripciones se ocupan del resto.

Ambiente: Pues haberlo haylo, a pesar que el surrealismo de algunas localidades (sobre todo en la 1ª parte) nos deje un poco alucinados.

Jugabilidad: La verdad es que el juego es algo difícil, en la 1ª parte porque si no realizamos las acciones en un cierto tiempo, es posible que el avance del espacio maligno acabe con nosotros. Y en la segunda porque algunas situaciones se resuelven con expresiones precisas o con objetos que difícilmente se nos ocurriría usar en ese momento (y con la expresión y verbos adecuados).

Argumento y guión: Correctos los dos y bien diseñados, a pesar de lo dicho anteriormente en la jugabilidad.

Dificultad: Pues te tienes que romper el coco en algunas situaciones mientras que en otras la cosa es más fácil. Pero mirando la cosa por encima (y sobre todo en la segunda parte) "más difícil que fácil".

Errores de programación: Pues hay algunos, como dejar el bicho acuático en la localidad del riachuelo sin especificar que lo dejas en el riachuelo y nos sale el mensaje de que se desintegra por falta de agua y cuando vas al río ves que está tan pancho.

Sonido: Me temo que no hay. O sea, que, como en la mayoría de las aventuras, tendrás que silbar para tener un poco.

Valoración general: Una buena aventura, con partes difíciles pero totalmente aceptable. Además, si no me equivoco (por lo que he visto en una parte de la aventura) ésta es la Opera Prima del creador, que ha empezado con buen pie. También es cierto que la aventura es un tanto antigua (participó en el concurso de AD). Así pues, esperamos que para sus nuevas creaciones haya aprendido lo suficiente como para superarse. ¡Ánimo!

AMBIENTACIÓN: 7
JUGABILIDAD: 7
GRÁFICOS: 7
GUION: 8
DIFICULTAD: 8
VALORACIÓN GENERAL: 7'5

Nota del autor: Este juego es la única aventura creada por Daniel Pérez Espinosa. Participó con ella en el Concurso de Microhobby, superando la primera tanda de eliminaciones donde más de la mitad de las aventuras presentadas quedaron eliminadas, pero por desgracia, Daniel no siguió el consejo de El Caballero Heavy y no creó ninguna otra aventura. Pese a no tener gráficos en cada localidad, el juego cuenta con una vistosa presentación y algunos gráficos en determinados momentos, realizados con gran calidad. Ello nos lleva a fijarnos en el nombre del responsable de los mismos, Raúl Ortega Palacios, comprobando que se

trata del mismo grafista profesional que trabajó para Dinamic en títulos como "El Capitán Trueno" o "Freddy Hardest". También realizó pantallas de presentación y gráficos para las versiones PC de aventuras como "Don Quijote" y "Megacorp".

EL EXAMEN

CAAD 13, página 22

VERSIONES: Spectrum

COMPAÑÍA: Burga´s Adventure

AUTOR: Asier Burgaleta

PRECIO: 375 pesetas

DISTRIBUIDOR: Bolsa del CAAD

COMENTADOR: Javier San José

Un argumento original, que podía haber dado algo más de sí. La idea es buena pero la realización bastante pobre. Los PSI están pero no cumplen demasiado bien su cometido. Como digo, lo más destacable es la idea.

AMBIENTACIÓN: 5

JUGABILIDAD: 5

GRÁFICOS: 5

GUION: 7

VALORACIÓN GENERAL: 6

Nota del autor: Existe otra aventura con exactamente el mismo título, "El examen", realizada también para Spectrum por Antonio Olvera Calderón bajo el sello Rock'n'Soft. Por desgracia, la aventura ha sido imposible de localizar ni por tanto de recuperar en el momento de redactar estas líneas, enero de 2020. Por cierto, el comentario resulta

muy breve al tratarse de un repaso rápido que Javier San José realizó en el CAAD 13 a cinco de las aventuras disponibles en la Bolsa del CAAD.

EL FORASTERO

CAAD 13, página 23

VERSIONES: Spectrum

COMPAÑÍA: Grupo Creators Union

AUTOR: Josep Coletes Caubet

PRECIO: 375 pesetas

DISTRIBUIDOR: Bolsa del CAAD

COMENTADOR: Javier San José

Presenta un tema poco tratado hasta ahora, el WESTERN. Revive las viejas historias de pistoleros. Buena ambientación destacando los PSI que presentan vida propia. Los gráficos están al nivel de esta aventura.

AMBIENTACIÓN: 8
JUGABILIDAD: 7
GRÁFICOS: 5
GUION: 6
VALORACIÓN GENERAL: 6

Nota del autor: Hay dos comentarios en esta compilación para "El Forastero". El primero resulta muy breve al pertenecer al mismo repaso rápido mencionado en la nota del comentario anterior. El segundo, más extenso, formaba parte de un análisis comparativo cuyo autor fue Víctor Manuel Jara de las Heras, donde se comentaba "El Forastero" junto a "Sheriff" y "Johny Wayna", tres aventuras ambientadas en el Viejo Oeste. El Forastero fue la primera aventura de Josep Coletes distribuida en la Bolsa del CAAD, y una de sus tres creaciones de 1989, junto a "El Señor del Dragón" y "Pueblo de la Noche", siendo ambas también distribuidas en la Bolsa.

EL FORASTERO

CAAD 24, página 36

COMENTADOR: Víctor Manuel Jara de las Heras

Ibas con tu relinchante caballo por ahí, haciendo el vago por el campo cuando te topaste con un perdido pueblecito del old, wild, far West... allí comprobaste que un cantarín Sheriff llamado "Negro" pegaba carteles de "SE BUSCA" ofreciendo un montón de dinero a quien capturase a los diferentes chorizos matones que invadían la localidad. Y como tú eras un cazador de recompensas, pues ¡hala! a atraparlos.

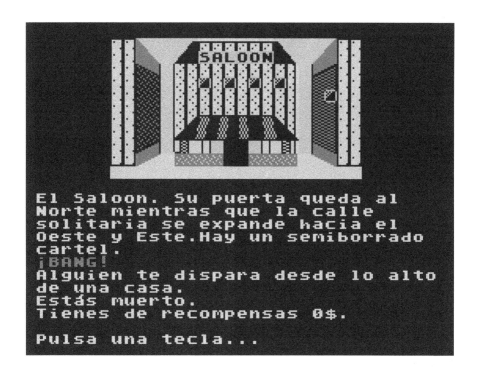

Este es, más o menos, el argumento que D. José Coletes Caubet nos propone para su correcta aventura, que comienza a cargarse con un bonito aunque no muy útil efecto, consistente en un scrollante papiro que se desliza hacia abajo mostrándonos los créditos. Para contraste con esta pocholada sibarítica, el dibujo de la carátula es más feo que Picio, pero nadie es perfecto…

Y es que, por lo demás, la aventura está muy bien. Hay buenos detalles, especialmente en lo referente a mensajes y jugabilidad. Existe un grupo de mensajes exclusivamente destinados a aclarar al jugador qué palabras ha de utilizar exactamente para realizar determinadas operaciones que, en otro caso, darían desagradables quebraderos de cabeza. El "no puedes hacer eso" aparece con poca frecuencia, y ello es señal de un buen acabado, de muchas horas de cuidadoso testeo. El autor ha sabido prever las posibilidades y las ha cubierto con mensajes especiales. Los PSI son igualmente correctos.

De entre los defectos, señalaremos alguna que otra muerte brusca y una dificultad un pelín elevada. Los gráficos demuestran la poca capacidad pictórica del autor, pero si no nos gustan no tenemos más que seleccionar el modo sólo texto y asunto arreglado.

"Forastero" es una aventura recomendable que ningún coleccionista debería dejar de adquirir.

AMBIENTACIÓN: 6,5
JUGABILIDAD: 7,5
GRÁFICOS: 5
GUION: 7
DIFICULTAD: 7
VALORACIÓN GENERAL: 7

EL MUNDO MÁGICO

CAAD 15, página 35

VERSIONES: Spectrum

COMPAÑÍA: Aventuras Españolas

AUTOR: Alberto R. Cuesta y Alberto Cabrerizo

PRECIO: 800.-

DISTRIBUIDOR: Aventuras Españolas

COMENTADOR: El Maestro Aventurero

Bajo este titulo tenemos ante nosotros la primera producción de una nueva compañía. de la que esperamos ver muchas más creaciones. EL MUNDO MÁGICO es una aventura que transcurre en una sola noche, en la que debemos encontrar tres piedras mágicas y entregárselas a nuestro maestro, el Gran Brujo. La presentación del juego no quita la cabeza, pero es perfectamente válida. La cinta es de 60 minutos (sigo pensando que es excesivo) y viene acompañada por cuatro hojas en tamaño A4 con la carátula del juego, un pequeño texto introductorio y especificaciones de manejo y uso, además de los créditos del programa.

Mientras lo cargamos, veremos una rutina de carga que sonará a muchos veteranos de los juegos de CRL. Mientras vemos la pantalla de presentación (muy similar al dibujo) carga el programa sin rayas en el borde y con los ojos del hechicero centelleando. Esto es algo destacable, ya que las aventuras de venta por correo carecen en su mayoría de pantalla de presentación, y no hablemos de rutina de carga.

Tras esto, accedemos al programa en sí, que tras una pantalla de créditos nos mete ya en juego. Tras probar unos cuantos comandos, vemos que es fácil de manejar... acepta EX, M, y otras contracciones de comandos, e incluso dispone del usado por Aventuras AD para marcar las salidas, X. Los gráficos del bosque recuerdan inevitablemente a la ORIGINAL, pero en bastantes otros juegos también se recurre a la misma solución, y es que un bosque es un bosque en todas partes. Los autores han dotado a su aventura de un curioso efecto cada vez que cambiamos de localidad o redescribimos la actual.

El espacio reservado al gráfico se encoge hasta el centro con un barrido de los atributos. otra cosa en la que este programa ha sido cuidado. No son cosas importantes, pero tampoco es cuestión de ser espartanos, y estos pequeños efectos logran causar una buena impresión, al igual que la pantalla de paso, que aparece en cada localidad que no tiene gráfico propio. Respecto a los problemas, no son nada complicados, quizá alguno demasiado manido, pero en una aventura como esta, recomendada a gente no muy curtida en las aventuras, tienen la dificultad justa.

Lo que desmerece un poco es la facilidad que tenemos de morir en multitud de situaciones... devorados, ahogados, desangrados, maldecidos, mordidos... sería recomendable en varios de estos casos dar al jugador oportunidad de dar "marcha atrás". Por ejemplo, nos podemos hundir en una ciénaga, o ser devorados por pirañas. El programa nos dice que nos hemos ahogado o que se nos han comido y punto. Soy partidario a dar opción a que "intentemos salir" tanto del río como del lodo, y saber que a la próxima hemos de ir con más cuidado o un flotador... A lo largo de toda la aventura nos acompaña un pequeño PSI, llamado Boo. una bola de pelos entrañable, pero con buenos dientes. Su objetivo fundamental es servirnos de "porteador" para objetos que necesitamos llevar mientras tenemos las manos llenas. Es triste tener que quitarle algo, ya que se pone a llorar (snif). Realmente entrañable.

Por último, una cosa que sí podemos considerar errónea es el precio, que dobla al de otras aventuras en el mercado. No es excesivo, desde luego, pero tomando como patrón el resto del mercado habrá que ver la reacción de la gente. Pelín carilla.

AMBIENTACIÓN: 7,5
JUGABILIDAD: 8
GRÁFICOS: 7
GUION: 6
DIFICULTAD: 8
VALORACIÓN GENERAL: 8

Nota del autor: "El Mundo Mágico" es una aventura muy cómoda de usar, con algunas innovaciones como los efectos de barrido al cambiar de localidad que le dan un atractivo añadido. No hay que buscar un guion profundo o un trasfondo histórico que nos guíe: esto es una aventura clásica de buscar objetos, en este caso tres, y todo gira alrededor de ello. Si se buscan otras cosas, el juego puede no gustar, pero con la excepción de lo indicado en el comentario, el juego es plenamente recomendable incluso hoy en día. Lástima que sus autores no siguieran creando.

EL ORÁCULO

CAAD 23, página 33

VERSIONES: Spectrum

AUTOR: Javier de Miguel

PRECIO: Dominio Público

DISTRIBUIDOR: CAAD Dominio Público/IMD Comp.

COMENTADOR: El Caballero Heavy

Nos encontramos con una aventura del año 1990 y realizada con el GAC. Os puedo adelantar que para hacer este comentario no he terminado aún la 1ª parte y no he visto nada de la segunda. El argumento de origen mitológico trata de las aventuras de Mileto para llegar hasta el Oráculo guardado en el templo de Apolo y destruirlo para salvar a su pueblo de la ira de los Dioses. Como es de suponer, la relación con los personajes de la aventura es mínima, ya que, repito, está todo hecho con el GAC. Los personajes pasan a ser por ello a los típicos Pseudo-armarios de los primeros tiempos de la aventura. Las descripciones son correctas (aunque hay faltas de ortografía...ay ay ay...) y los gráficos algo pobres como era de suponer.

Y, es que, con los tiempos que corren, el GAC está más que desfasado. El desarrollo, con lo poco que he avanzado, es bastante curioso ya que las situaciones (o al menos algunas) son bastante originales. Por cierto, quizás sea tratado de inculto, pero ¿vosotros sabéis qué es un topo de montaña? Ya que al examinarlo me sale que está algo desgastado y lleno de piedrecitas, además que en la descripción de la localidad me dice que desde él se ve una maravillosa vista del desierto.

También es curioso y original el hecho de que algunos objetos cambien su descripción al cogerlos y hacer inventario, por ejemplo: vemos un frasco. Lo cogemos y hacemos inventario y...¡tachán! Ahora resulta que tenemos un frasco lleno de Arena Santa. Como podéis ver, a pesar de lo tosco que resulta el parser el autor tiene buenas ideas y originales.

entran en su interior.
>>>examina a la vieja
La devil voz de la anciana dice:
" Quien es el osado que ha
entrado en mi casa ? ".
>>>

MI OPINIÓN: Siempre en el comentario de una aventura puede influir con que parser está hecha, pues lógicamente por mucho que uno se esfuerce una aventura hecha con el GAC resultará de menor calidad que una hecha con el PAW (si el autor que ha hecho la del PAW se ha esforzado un poco, claro). Por eso es muy posible que aunque esta aventura sea bastante pobre, el mismo autor puede mejorar significativamente con el parser adecuado (pongamos el PAW, por ejemplo) pues originalidad e ideas no le faltan. Esperamos alguna obra del mismo autor que dé la talla y le podamos dar el visto bueno. Ánimo.

Y nada más, si el autor a hecho otras aventuras con un parser adecuado no dudo que pueda crear buenas aventuras, que, como ya he dicho, ésta tampoco la he jugado a fondo, pero por lo que he jugado mi veredicto es el siguiente:

AMBIENTACIÓN: 6
JUGABILIDAD: 5
GRÁFICOS: 5
GUION: 6
DIFICULTAD: 8
VALORACIÓN GENERAL: 5

Nota del autor: Coincido con la apreciación de El Caballero Heavy en el sentido de que el GAC está desfasado respecto al PAW. Pasar de probar juegos realizados con este parser a uno donde se ha empleado el GAC quita facilidad de uso. El juego parece menos receptivo, no mantiene el gráfico, los listados de objetos visibles son más irregulares… quizá todo ello pueda corregirse puliendo el juego y obtener algo similar a "Megacorp" o "Carvalho", pero incluso así el PAW parece una base mucho más sólida con la que empezar a crear la aventura.

EL PACTO

CAAD 21, página 51

VERSIONES: CBM Amiga

COMPAÑÍA: Role-Team Design

AUTOR: Equipo de programación

PRECIO: 800 pesetas

DISTRIBUIDOR: CAAD

COMENTADOR: Dark Master

Me desperté sobresaltado, me había quedado dormido mientras leía un poco en la cama. Aún no podía creer aquello que había escuchado. CHARLES, ¡HE MUERTO!. Sólo fueron unas pocas palabras que sonaron claras y aterrorizantes como un trueno. Fue una voz grave y distante pero de inconfundible origen. Era la voz del Barón Bradewick. Asustado miré el reloj. Faltaban varios minutos para las 9. Me levanté rápidamente, todavía me quedaban 3 horas de vida...

Impresionante, ¿no? Esto me pasa pasa por rodearme de malas compañías. No estaría en éste lío si no hubiera sido tal mi afición por las ciencias ocultas, si no me hubiera dejado llevar por la fuerte personalidad y por los vastos conocimientos sobre ocultismo del maldito Barón, si no hubiese creído simplemente dar satisfacción a los deseos de un moribundo cuando firmé aquel maldito pacto, aquella entrega voluntaria de mi cuerpo. Dentro de tres horas vendrá a por mi, pero estoy dispuesto a impedírselo.

Este es el argumento de "El Pacto", muy bien para empezar. Esta aventura me ha conquistado desde el principio por su ambiente Lovecraftiano, y por la impresión que me causó leer esto en un pergamino iluminado por dos cirios correctamente dibujados en la pantalla de mi Amiga. La presentación es bastante buena, incluso el logotipo de "Role-team design" sorprende por lo bien dibujado que está.

Los gráficos de la aventura, mientras jugamos, están muy bien hechos, aunque quizá son un poco pequeños. Además observaremos que cuando nos topamos con algún personaje, como los zombies, su gráfico aparecerá sobre el de la localidad, incluso es muy curioso observar el gráfico de un espíritu que se entremezcla con el fondo. En cuanto a los gráficos, no podemos más que felicitar a los grafistas Antonio Caracuel y Carlos Solans.

El guión, como ya he dicho, gusta el ambiente terrorífico que recrea desde el principio, aunque se echan de menos unas descripciones más largas que contribuirían a mantenerlo. La finalidad del juego es interesante y original, recuperar el pacto que firmamos para que el Barón no pueda hacerse con nuestro cuerpo.

El juego no puede catalogarse como aventura propiamente dicha, ya que tiene bastantes elementos de Rol, y deja algunas cosas al azar, aunque el control se hace mediante línea de comandos en la que teclearemos frases. El vocabulario es bastante limitado, y se nota enormemente la falta de sinónimos, aunque la aventura es jugable. Es de agradecer que la palabra ayuda nos proporcione una lista de los verbos disponibles. También un tirón de orejas por la falta de abreviaturas.

Algo que se deja notar durante todo el programa, es que los creadores, no son auténticos aventureros, si no más bien roleros, por lo que no podemos comparar este programa con aquellas magníficas aventuras de nuestros queridos Spectrums, aunque el programa merece la pena, merece ser jugado y merece ser acabado, y es un perfecto comienzo para "Role-team", a los que propongo molestar y machacar desde ahora mismo con sugerencias, dudas, críticas, etc..., para que no se rindan y para que sigan trabajando nuestros custom chips. Haceros un favor, compradla y jugadla, no os arrepentiréis.

AMBIENTACIÓN: 7
JUGABILIDAD: 4,9
GRÁFICOS: 8,5
GUION: 6,8
DIFICULTAD: 7,5
VALORACIÓN GENERAL: 8,9

Nota del editor: Tenemos aquí la única aventura realizada para Amiga de entre las distribuidas por el CAAD, pero por desgracia no ha sido posible localizar ninguna copia para ilustrar esta sección. El equipo de programación que desarrolló el juego estaba compuesto por el programador Eduardo Solans Mares, el guionista Antonio Casares Rodríguez, los grafistas José Antonio Caracuel y Carlos Solans, corriendo el sonido a cargo de Sonia Melero Hueso.

EL SEÑOR DEL DRAGÓN

CAAD 13, página 24

VERSIONES: Spectrum

COMPAÑÍA: Grupo Creators Union

AUTOR: Josep Coletes Caubet

PRECIO: 450 pesetas

DISTRIBUIDOR: Bolsa del CAAD

COMENTADOR: Javier San José

Un guión bien estructurado, en el que se nota la gran influencia de las historias de DRAGONLANCE. Los problemas son lógicos aunque no por ello fáciles. De destacar son los PSI que acompañan al protagonista. Tiene ciertas notas de humor y da una buena impresión en general. Consta de dos partes.

AMBIENTACIÓN: 7
JUGABILIDAD: 7
GRÁFICOS: 6
GUION: 7
VALORACIÓN GENERAL: 8

Nota del autor: Tenemos aquí otro de los breves comentarios que hizo Javier San José el número 13 del CAAD, donde analizaba en sucesión cinco títulos de la Bolsa de Aventuras, concretamente cinco de las seis últimas incorporaciones, con los números de catálogo 5 al 10, correspondiendo este último a "El Señor del Dragón". La aventura formaba parte de una trilogía de fantasía medieval. Cronológicamente sería la última, estando precedida por "Pueblo de la Noche", la número 8 del catálogo de la Bolsa. Finalmente, la trilogía se cerraría con una precuela que distribuiría posteriormente el mismo Josep, llamada "Idiliar". "El Señor del Dragón" participó en el Concurso de Aventuras de Microhobby, clasificándose entre las quince mejores.

ESPEJOS

CAAD 22, página 12

VERSIONES: Spectrum 128

AUTOR: Pedro José Rodríguez Larrañaga

PRECIO: 400 pesetas

DISTRIBUIDOR: Bolsa CAAD

COMENTADOR: Jara de las Heras

La aventura que vamos hoy a comentaros se sale de lo común. Esta única y, al parecer, última producción de Pedro José Rodríguez constituye seguramente el "canto del cisne" de la ya moribunda historia de las conversacionales para Spectrum. Esa historia, que para nosotros se abrió con "The Hobbit", parece que se ha cerrado con este maltratado y desconocido broche de oro, que podéis adquirir en la Bolsa del CAAD. Nunca se había logrado escribir para nuestro modesto Sinclair una aventura tan deliciosamente jugable, tan cuidada en todos sus detalles, tan agradable a la vista y al oído...

"Espejos" nació como un proyecto muy ambicioso que, al parecer, fue injusta y neciamente abortado por no sé qué empresa de arcades cutres. Pedro José, según nos cuenta en "Las 15 Preguntas" se enfadó bastante, como es lógico, y se decidió por sacarle algún provecho presentando su trabajo al concurso de aventuras. Pero, para colmo de males, ganó el concurso, si, pero compartiéndolo con otros seis títulos que, aun siendo algunos de bastante calidad no podían, a mi juicio, colocarse al mismo nivel que "Espejos".

"Espejos" se desarrolla en la Baja Edad Media, en la época del Gótico y de las Cruzadas, aunque el ambiente oscuro y desolado que tan magistralmente nos sugiere su autor más bien nos hace pensar en las postrimerías del primer milenio, en el Románico. En cualquier caso este programa tiene ese ambiente tan sugestivo que tanto disfrutamos en la genial "Abadía del Crimen".

El guión de "Espejos" tiene dos grandes virtudes. La primera es la variedad de los escenarios (una posada, un bosque, un páramo, un cementerio, unas cavernas y un monasterio, con sus diferentes partes) que sin embargo no provoca, como es lo habitual, la menor sensación de desunión, ya que el mismo ambiente nocturno y medieval reina en todos ellos. La segunda virtud del guión está en la cierta profundidad casi filosófica que el autor otorga a la cuestión de espejo, una profundidad que no resulta afectada ni ridícula, como también suele suceder en la mayoría de las aventuras de argumento "serio".

En el aspecto gráfico la aventura también resulta muy destacable. Unas viñetas pequeñitas pero minuciosamente tratadas en colorido, sombreados y efectos de luz ilustran el cuadrante superior izquierdo de la pantalla. Su autor es D. Raúl López, que ya había trabajado a nivel profesional como grafista en diversos arcades ibéricos. El aspecto visual del programa resulta algo distinto al habitual en una aventura conversacional, ya que "Espejos" está íntegramente escrito en ensamblador. Por tanto no se deja notar el consabido sistema de líneas elásticas más 15 tramas, propio de nuestro querido y viejo PAW. El cambio de gráficos y las redescripciones de localidad se realizan de una manera limpia, rápida y vistosa.

La jugabilidad es total. Y esto no lo ha conseguido Pedro José Rodríguez haciendo uso de sus conocimientos de programación con lenguajes de bajo nivel, sino, mucho más sencillamente, indicando en una lista de las instrucciones qué verbos exactamente entenderá el ordenador y dejando claro desde un principio que los únicos objetos que podemos manipular son los que se mencionan debajo del texto de localidad.

Este sistema puede ser justamente criticado: así cualquiera consigue una buena jugabilidad. Además, esta delimitación tan clara del vocabulario que podemos utilizar tiene el defecto de hacer la aventura demasiado facilona. Este es el defecto que la mayoría de los puristas achacarán a "Espejos": su tremenda facilidad de resolución. Pero, personalmente, siempre preferiré una aventura fácil pero que deje un buen sabor de boca, como lo deja "Espejos", a una de esas aventuras cutres e injugables que tanto abundan y que dejamos abandonadas tras múltiples cabreos.

Un aspecto casi siempre ausente en nuestras aventuras conversacionales es el de la música. El PAW no permite introducir más que algún deprimente beep, por lo que casi siempre los autores optamos por el silencio. Pedro José, que además de a la programación se dedica a la más bella de las artes, o sea, la Música, no podía dejarnos sin ella en "Espejos". En cada una de las tres partes suena un grupo de cinco o seis melodías, de manera simultánea al desarrollo del juego, cambiando ésta cada vez que cambiamos de localidad. Ni que decir tiene que el sonido es 128K. La música consiste en melodías famosas (algún vals de Tchaikovsky, "para Elisa", etc.) y en otras que parecen compuestas por el propio autor, todas ellas con un ritmo uniforme. Podría ponerse la pega de que no es el tipo de música más apropiado para dar ambiente a una oscura historia medieval, ¿no? Aunque peor hubiesen ido unas bulerías...

El programa dispone de algunos detalles especiales. Hay un reloj de dígitos en tiempo real (pues la aventura debe ser resuelta en menos de una hora), una barra indicadora de energía, claves de acceso para la segunda y tercera partes, el comando OOPS, que permite retrotraernos a la jugada anterior cuando hemos metido la pata, y un sistema que nos dice "No entiendo el verbo (o el sustantivo) X", que a los veteranos les recordará a "The Hobbit".

"Espejos" no sólo es una aventura excepcional por el hecho de estar escrita en ensamblador. La concepción general del guión y los múltiples buenos detalles demuestran que Pedro José tiene todas la cualidades necesarias para diseñar una buena aventura. Lástima que, no sin razón, considere inútil perder el tiempo en un campo tan poco productivo.

En cuanto a defectos, el mayor es el del tratamiento de los PSI, sobre todo en lo referente al movimiento. De ahí que los pocos que vemos permanezcan inmóviles. Los dos que se mueven, Helga y el Cordero, lo hacen de tal forma que aparece el mensaje "Fulanito está aquí", pero la mayoría de las veces resulta que para cuando vas a hacerle o decirle algo, en el siguiente turno ya se ha ido. Por lo demás la aventura parece totalmente limpia de faltas, incluso de ortografía.

Por último me gustaría dar una apreciación personal: creo que el autor no ha aprovechado lo suficiente sus conocimientos de lenguaje ensamblador para hacer algo realmente distinto. Al fin y al cabo las diferencias de ésta aventura con cualquiera escrita con PAW afectan casi siempre a aspectos no demasiado importantes y, como ya he dicho, su buena calidad no depende sólo de haber podido sustraerse a la tiranía de un parser. Una aventura conversacional puede y debe empezar a ser, si quiere sobrevivir, algo realmente distinto a lo que estamos acostumbrados a ver, sin que por ello deje de ser estrictamente conversacional. Y esto sólo puede hacerlo gente con los conocimientos de programación de Pedro José Rodríguez Larrañaga.

AMBIENTACIÓN: 9
JUGABILIDAD: 9
GRÁFICOS: 8,5
GUION: 8,5
DIFICULTAD: 7
VALORACIÓN GENERAL: 9

Nota del autor: Espejos es un caso muy especial en el mundillo aventurero. Casi publicada por dos sellos, Dinamic primero y Aventuras AD después, la aventura se presentó al Concurso de Aventuras de Microhobby, y resultó una de las siete ganadoras. Aunque no son pocos los casos de autores de aventuras que han acabado dirigiendo sus pasos a la programación profesional, Pedro José acabó dedicándose a la música, pues es un reputado pianista, tocando también el clavecín.

"Las quince preguntas" fue una serie de entrevistas que realicé a los siete ganadores del Concurso. En el CAAD 17, de febrero de 1992, apareció la que tenía como protagonista a Pedro José, que comentó lo

siguiente acerca de su juego: *"Es una aventura en tres partes escrita íntegramente en ensamblador. El proyecto original data de hace cinco años, y en su momento fue una especie de ejercicio de programación buscando superar las limitaciones de los parsers, incluyendo música simultánea, reloj en tiempo real, gráficos instantáneos, indicador gráfico de energía, etc. En su momento fue un producto de bastante calidad y Dinamic estuvo a punto de comercializarlo, pero se echó atrás sin molestarse siquiera en notificármelo, después de todo un verano trabajando en las versiones Amstrad y MSX. Como te puedes imaginar, salí muy quemado del asunto".*

La versión Amstrad que menciona Pedro estuvo perdida durante bastantes años, pero se conservaba una copia entre mi polvoriento archivo de cintas, siendo recuperada en 2011, encargándose Juan Pablo, de speccy.org de la labor de volcado. Los chicos de ESP Soft crearon posteriormente una carátula similar a las empleadas por Dinamic e incluso una pantalla de presentación. La disposición de pantalla cambia ligeramente respecto a la versión Spectrum, con el gráfico de mayor tamaño ocupando la parte superior de la pantalla, situándose justo bajo el mismo el reloj y la barra de energía. Hablando de gráficos, ya se indica en el comentario que el grafista era Raúl López, de Zeus Software, que posteriormente crearía los gráficos de juegos publicados por Dinamic como Hundra, Commando Tracer o Risky Woods.

GALEN

CAAD 25, página 39

VERSIONES: Spectrum

AUTOR: Mandrágora Software

PRECIO: Dominio Público CAAD

DISTRIBUIDOR: Spectrum: Dr. Jekyll o Mr. Hyde; Emuladores: IMD Comp.

COMENTADOR: Javier San José

Esta es la historia de Galen, el hijo de un rey destronado por los Orcos y que ahora quiere vengarse y recuperar lo que es suyo. Para ello debe viajar hacia las tierra del norte, aprovechando que el rey Orco está en guerra con otro reino.

Este es el argumento de la aventura que nos proponen los chicos de Mandrágora Software, una aventura ya veterana que data de hace 4 años. Las influencias del Hobbit son claras a lo largo de la aventura y harán recordar, en más de una ocasión, ciertas escenas de aquella fantástica aventura.

Las descripciones son escuetas pero correctas y además se complementan con unos gráficos que nada tienen que envidiar a los de ninguna otra aventura. Además el uso de PSIs es correcto y está bastante bien realizado. Se puede conversar con ellos y estos responden de una manera lógica y acorde a lo que les decimos.

También es de agradecer que sea una aventura abierta desde el inicio. Me explico, en algunas aventuras sólo se pueden visitar unas pocas localidades inicialmente hasta que se resuelven ciertos problemas que nos permiten seguir avanzando. En esta, en cambio, podemos visitar gran cantidad de localidades desde el inicio y los problemas nos van surgiendo a medida que recorremos el territorio de la aventura.

Algo interesante en esta aventura, y que personalmente me ha llamado la atención, es que es una de las pocas que incorporan un marcador de porcentaje de aventura completada. No es algo fundamental pero si se hecha en falta muchas veces por lo que resulta gratificante ver que en esta se ha incluido. Como ya he dicho antes, los gráficos son más que correctos y, en algunos casos, incluso brillantes. Eso sí su tamaño es reducido pero ello no desmerece en absoluto en cuanto a calidad.

En fin, una aventura que se ajusta mucho al molde de las típicas de fantasía, sin grandes complicaciones y con bastantes horas de diversión asegurada.

AMBIENTACIÓN: 6
JUGABILIDAD: 8
GRÁFICOS: 8
GUION: 5
DIFICULTAD: 6
VALORACIÓN GENERAL: 7

Nota del autor: Galen es un juego realizado en 1989 que participó en el Concurso de Aventuras de Microhobby. Bastante agradable visualmente –tiene incluso alguna pequeña animación, como en la puerta de la lúgubre mazmorra– superó la primera ronda de selección, pero fue posteriormente eliminado debido a su sencillez. Fue la única creación aventurera de Gerardo Oporto –que también desarrollaría los gráficos– y Pablo Martínez, aunque tres años después echarían una mano a los hermanos Llata –César, Sergio y Patricia– para su aventura Jasón.

IDILIAR

CAAD 15, página 33

VERSIONES: Spectrum

COMPAÑÍA: Grupo Creators Union

AUTOR: José Coletes Caubet

PRECIO: 450 pesetas

DISTRIBUIDOR: Grupo Creators Union

COMENTADOR: El Maestro Aventurero

Bajo este nombre nos encontramos a la última creación del Grupo Creators Union. Este prolífico grupo ya tiene cinco programas disponibles, tres de ellos en la Bolsa del CAAD, y con una trilogía heroica de magia medieval de la que éste es la última en ser escrita, pero la primera en la dinámica de la historia.

Tras pedir el juego por correo, vemos que la presentación es correcta. Una cinta de 60 minutos (un poco excesivo) con su caja transparente, etiqueta sobre la cinta con nombre, autor y versión y una carátula negra en la que vemos una escena medieval junto al titulo de la aventura. Las instrucciones vienen en un folio con dibujos a lo largo de todo el margen, y una pequeña pero concisa introducción, además del modo de manejo y comandos.

Como viene siendo habitual, disponemos de dos partes, necesitando una clave para acceder a la segunda de ellas. Iniciamos la aventura en nuestra casa, la del guerrero Guillermo Idiliar Dambor, y nuestro primer objetivo es emprender viaje junto a un escudero (o una...) hacia la fortaleza de

Miriador. En la segunda parte, que transcurre en su interior, debemos librar a la fortaleza de la maldición que pesa sobre ella.

Apenas cargar el programa, suena una tonadilla que alegra los oídos, pese a su simplicidad. Tras un texto introductorio algo críptico, pasamos a la aventura en sí. A la hora de teclear comandos, se acepta tanto el infinitivo como el imperativo (es decir, ABRIR o ABRE). Los efectos de sonido son varios a lo largo del juego, como el sonar de una puerta cuando llamas a ella, o los cascos de un caballo que se aleja. Hablando de PSIs, es de destacar a Valeria, la valquiria que ya conocerán quienes hayan jugado PUEBLO DE LA NOCHE, que no ha perdido ninguna de sus cualidades.

En la pantalla tienes constantemente indicadores de movimientos realizados, puntos (en tanto por ciento) y salidas posibles. La mayoría de los gráficos son bastante simples y monocromos además, pero cumplen perfectamente con su misión. El texto es bueno, con palabras que el autor ha querido destacar con un color diferente al resto del mensaje. Además los objetos que puedes llevar tienen un carácter con un pequeño gráfico que los identifica. También es destacable que todas las pantallas tengan gráfico, aunque varias usan el sistema de "pantalla de paso". Por último. el paso del tiempo está bien representado, con simulación día-noche.

Como no todo puede ser perfecto, vamos a destacar unos cuantos fallos u omisiones que podrían mejorar el programa (quizá se modifiquen...). Empezando con el vocabulario, no hay sinónimos más breves para EXAMINAR o MIRAR, teniendo que teclear toda la palabra. Otra cosa es al anochecer, cuando lógicamente no puedes ver nada, y es arriesgado moverse en la oscuridad. El problema viene cuando simplemente intentas dormir o esperar... ya que "Caes y te partes el pescuezo". De todos modos esto es algo rebuscado, y no afecta a la aventura en general.

Con esto concluyo este comentario. IDILIAR es un programa agradable de jugar, pero con problemas difíciles, aunque los admiradores del Grupo Creators Union lo serán aún más y quien no lo sea o no los conozca empezará a admirarlos (o a odiarlos, que nunca se sabe…). Por cierto, no os perdáis la presentación de la segunda parte, con relámpagos alrededor de la fortaleza de Miriador… muy espectacular. En fin, una buena aventura recomendable para aquellos que ya se han estrenado con otras más sencillas. A quienes gusten las aventuras donde es necesario estrujarse las neuronas, no cabe duda de que disfrutarán con IDILIAR.

AMBIENTACIÓN: 8
JUGABILIDAD: 7,5
GRÁFICOS: 6,5
GUION: 8
DIFICULTAD: 6
VALORACIÓN GENERAL: 8

Nota del autor: "Idiliar" fue uno de los primeros juegos que Josep Coletes empezó a distribuir particularmente bajo su sello Creators Union. Tras tener tres títulos disponibles en la Bolsa del CAAD y querer distribuir más a través de ella, le sugerí que podía distribuirlas él mismo, ya que estaba personalmente saturado con el total de dieciséis títulos para Spectrum disponibles en la Bolsa. Dicho y hecho, le indiqué el sistema de que yo empleaba y unos consejos iniciales, y desde ese

momento empezó la distribución propia de sus geniales creaciones. Por cierto, *Guillermo Idiliar Dambor aparece como un mercenario que podemos contratar en "World of Witchcraft", otro de los juegos de Josep. El juego se publicitó en los CAAD 14 y 17, con diferentes modelos de anuncio.*

IDILIAR

¡Hey, amigos!

He traido especialmente para vosotros desde el Mundo de la Fantasía la verdadera y real historia de Idiliar, el guerrero sometido a las más duras pruebas de la brujería.

Si quieres ocupar su puesto y conocerme a mí y a mis singulares amigos...¡No lo dudes ni un instante!Corre las cortinas, enciende una vela, empuña el boli y escribe a:

HOUSE OF CREATION
C/ Biosca, nº 8 TORA (Lleida)
C.P.: 25750
IDILIAR: Spectrum 48/128 k.
Doble carga.
P.V.P.: 450 pts.

GRUPO CREATORS UNION

JOHNY WAYNA

CAAD 24, página 37

VERSIONES: Spectrum

COMPAÑÍA: —

AUTOR: Pedro Amador López

PRECIO: 400 pesetas

DISTRIBUIDOR: Bolsa del CAAD

COMENTADOR: Víctor Jara de las Heras

Johny Wayna (o Vayna, según los casos) es el Sheriff de un perdido pueblecito etc, etc... resulta que el tío este había vivido soltero hasta ahora, alimentado por su ama de llaves, que cocinaba rico, rico, rico... pero finalmente encontró a la chica de sus sueños y decidió que la mejor manera de impresionarla favorablemente era invitarla a almorzar a su casa. Pero el muy infeliz tuvo la mala suerte de que, justo tres días antes de la llegada de su novia, unos cacos malísimos raptaron al ama de llaves para conseguir disfrutar ellos también de buenos platos de garbanzos. Tu misión es ponerte en el pellejo del Sheriff y darles su merecido a esos desaprensivos antes de que llegue tu novia y vea que lo único que tienes para almorzar son chococrispis.

La aventura se divide en dos partes, con clave de acceso para la segunda, vamos, como las de AD. La primera parte es excelente. Se desarrolla en un pueblo, habitado por un banquero, un herrero, un periodista, unas viejas señoras, unos niños, varios dependientes y algunos PSI más. De ellos unos tienen movimientos programados según la hora que sea, otros aparecen y desaparecen, también según la hora, y otros, finalmente, no se mueven de donde están. No hay mucho que hablar con ellos, sólo reaccionarán ante frases y acciones tuyas muy concretas. Ahora bien, el autor ofrece las suficientes pistas como para que no nos sea muy difícil dar en el clavo, y esto es lo que importa. Precisamente la gran virtud de esta primera parte consiste en una agradable dificultad y en una gran jugabilidad. Hay muchas cosas examinables, lo mismo en los textos que en los gráficos. Los problemas a resolver o son lógicos o vienen apoyados por pistas. Los dos o tres más complicados pueden ser resueltos con los útiles mensajes que aparecen con el comando "ayuda" en las distintas localidades.

En cuanto a detalles originales, a esta primera parte no le faltan: los gráficos son bastante buenos e ingeniosamente ahorrativos de memoria.

Hay un panel a la derecha del gráfico con unas ventanitas que nos muestran los objetos que llevamos o los personajes que en ese momento se encuentran en la localidad. A algunos cuando hablan hasta se les abre la boca y todo. De vez en cuando se deja oír algún sonido. El color del fondo y de las letras se va oscureciendo conforme anochece. Existe un sistema bastante innovador de desplazamiento por las localidades: en muchos casos, en vez de escribir puntos cardinales, tendremos que teclear "ir a tal sitio" y yastá, con lo que nos ahorramos localidades de paso, pesados desplazamientos y mapas. Existe también el comando "salidas" algo poco frecuente en aventuras hechas con PAW, ya que este parser carece de un sistema específico para ello y hay que introducirlas una a una. En fin, que se nota dónde hay un buen programador con ilusión y ganas de demostrar lo que sabe hacer.

En la segunda parte, en cambio, no se nota nada de eso: la mayoría de las virtudes arriba comentadas están aquí ausentes y, para colmo, aparecen bastantes defectos. Ya la propia concepción general resulta mala: esta segunda parte no es más que un enorme laberinto ilógico que se desarrolla en un desierto, en una playa y en una terrible caverna en la que cada localidad tiene dieciochomilmillones de salidas posibles y en la que unas muertes súbitas e inesperadas acechan en cada recoveco. Pues bien, por si fuera esto poco jugable, resulta que en esta segunda parte el autor nos niega la posibilidad de agarrarnos a nuestra última esperanza, justo cuando más falta nos hacía: el RAMSAVE.

Aparte de todo esto, hay dos o tres PSI, cinco o seis objetos y algún que otro tremendo bug. Parece evidente que la segunda parte fue hecha con muchas prisas y pocas ganas.

Un defecto que preside las dos partes, pero no demasiado importante, es el de las kontinuas fartas de hontograsfia.

Johny Wayna, es una aventura muy, muy recomendable... ¡siempre que nos olvidemos de que tiene 2ª parte! En fin, parece que era verdad eso de que "nunca segundas partes fueron buenas".

Las calificaciones irán por separado debido a que es imposible hacer una apreciación unitaria de dos partes tan distintas.

PRIMERA PARTE

AMBIENTACIÓN: 6,5

JUGABILIDAD: 8,5

GRÁFICOS: 8

GUION: 7

DIFICULTAD: 8,5

VALORACIÓN GENERAL: 8

SEGUNDA PARTE

AMBIENTACIÓN: 7

JUGABILIDAD: 4

GRÁFICOS: 8

GUION: 6

DIFICULTAD: 4

VALORACIÓN GENERAL: 5

Nota del autor: Este juego de 1989 fue la segunda y última creación aventurera de Pedro Amador López, iniciado en esas lides dos años antes con su juego "La corona", que llegó a ser distribuido comercialmente por System 4. Pedro contaba por entonces con 13 tiernos añitos, y el juego resultó estar muy verde, además de realizado con el GAC. Sin embargo, este producto posterior estaba mucho más pulido. Se presentó al Concurso de Aventuras de Microhobby y alcanzó el mejor resultado posible, puesto que fue uno de los siete finalistas que a la postre serían los ganadores ex aequo.

KHURDIAN

CAAD 24, página 43

VERSIONES: PC VGA

COMPAÑÍA: Iceberg Software

AUTOR: Jorge Casares Aguayo

PRECIO: 800 pesetas

DISTRIBUIDOR: Bolsa del CAAD

COMENTADOR: Javier San José

Esta es la primera aventura de producción nacional para PC y que incluye gráficos. La aventura nos traslada a un universo al estilo Tolkien donde nuestra misión es deshacernos de un huevo de oro, causante de múltiples calamidades, arrojándolo a un volcán (¿os suena lo de arrojar algo a un volcán?).

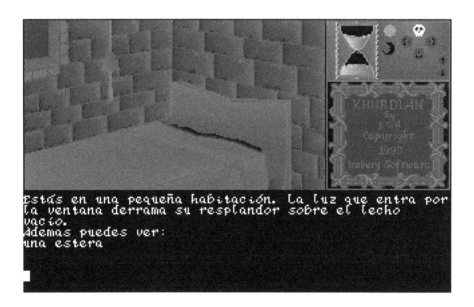

Encarnamos la personalidad de un orondo hobbit, al estilo del famoso Bilbo Bolsón de Tolkien, y es que el estilo Tolkeniano es patente a lo largo de toda la aventura aunque reformado y con unos toques humorísticos, que rozan la parodia, a cargo de su autor.

El parser, tal y como el propio autor anuncia, es bastante rudimentario y aunque reconoce la estructura de frases que es familiar en la mayoría de las conversacionales, no admite sutilezas tales como terminaciones verbales (LA, LE, LO) o múltiples acciones en la misma línea. Si que admite, en cambio, acciones globales del tipo COGE TODO.

Los PSIs son bastante numerosos lo cual es de agradecer, pero algunos resultan irritantes. Tal es el caso de un tal Mut que encontraremos en la taberna y que no hace mas que beber jarras y jarras de cerveza a una velocidad tal que nos deja pasmados; esto no estaría mal si no es por que la acción se interrumpe constantemente para contarnos con pelos y señales el paseo de Mut desde la mesa a la barra y otra vez a la mesa.

Como antes dije la aventura incorpora gráficos de 256 colores, por tanto aquellos de vosotros que no dispongáis de una VGA (¿hay alguien ahí?) ya podéis olvidaros de este programa.

Los gráficos no es que sean una maravilla pero están bien y además aprovechan de buena forma los 256 colores. Algunos de ellos cambian dependiendo de si es de día o de noche.

Lo malo es que cada vez que entramos en una pantalla o pedimos una redescripción de la actual el gráfico vuelve a dibujarse, lo mismo ocurre cuando el ciclo pasa de día a noche o viceversa si estamos en una localidad exterior. Esto no se notaría si no fuese porque el sistema usado para cargar los gráficos es lento y pesado y además se producen "llamativos" efectos de cambios de colores en pantalla, supongo que como consecuencia del cambio de paleta.

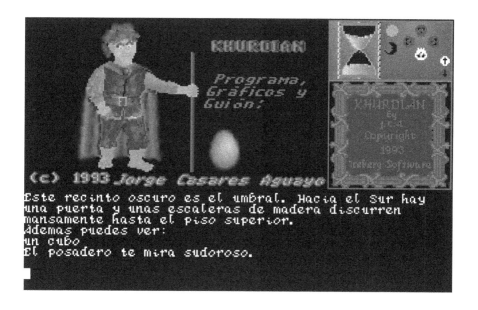

Una característica interesante es que la aventura cuenta con un sistema de tiempo a base de un reloj de arena que aparece en la parte superior de la pantalla, y que podemos ver como la arena va cayendo del recipiente superior y llenando el recipiente inferior. Además las salidas se muestran de forma gráfica por medio de una brújula en la cual se muestran de diferente color las direcciones hacia la que hay salidas.

En fin, creo que el autor de esta aventura va por buen camino en el mundo del PC. Quizá le haga falta depurar un poco el sistema, sobre todo en cuanto a las rutinas de presentación de los gráficos se refiere. Olvidándonos de esto, la aventura resulta entretenida, con un nivel de dificultad bastante ajustado y una buena cantidad de PSIs con los que interactuar.

Yo la definiría como una parodia del "Señor de los Anillos" y como tal está a la altura de las circunstancias.

AMBIENTACIÓN: 6
JUGABILIDAD: 5
GRÁFICOS: 6
GUION: 6
DIFICULTAD: 7
VALORACIÓN GENERAL: 6

Nota del autor: "Khurdian" fue la única aventura creada por Jorge Casares Aguayo, encargándose tanto de la programación como de los gráficos y el guion que hilvana todo ello. Su caso es un poco particular al no provenir de los 8 bits ni haber empleado el PAW de Spectrum, como la gran mayoría de los creadores de aventuras de la época. Se añade a la particularidad el programar directamente la aventura en PC, desarrollando al tiempo su propio parser.

LA GRAN HAZAÑA

CAAD 24, página 41

VERSIONES: Spectrum

COMPAÑÍA: Thedar Works

AUTOR: Roberto Bernardo Cagigal

PRECIO: 450 pesetas

DISTRIBUIDOR: Thedar Works

COMENTADOR: El Caballero Heavy

Nos encontramos en esta ocasión con una nueva compañía (THEDAR WORKS) que empieza en el mundo de la aventura con buen pie. El argumento nos dice que tras leer un viejo manuscrito de un aventurero de las islas mokagua llamado Henry nos entran unas ganas terribles de viajar a la isla Kuz-Dahma y encontrar el tesoro mokagua del manuscrito.

Como veis no es el colmo de la originalidad, pero nos sirve para dar paso a una aventura que a muchos recordará sus andanzas en la COZUMEL de AD. Para dar unos detalles, la puesta en pantalla es idéntica (o le falta poco) a la aventura de AD. También todo el ambiente (equiparnos para la aventura, la interminable selva, etc.) nos la recuerda. Los textos también tienen más columnas de lo normal, y por lo visto los autores han utilizado una ampliación del PAW llamada TAC, con lo que se nos da algunas ventajas a la hora de teclear las instrucciones (podemos, por ejemplo, repetir la última frase tecleada con tan sólo teclear una letra).

Pero lo realmente interesante es que el guión es lógico, la ambientación está lograda y la cosa resulta de lo más peliculera. Muchas escenas de la aventura nos recordarán a las inolvidables películas de Steven Spielberg (entre otras películas del mismo género aventurero), escenas que han sido muy bien llevadas junto con el guión principal. Los gráficos son pasables y por la cantidad que hay (en la mayoría de localidades) perfectamente aceptables. La jugabilidad es buena, por lo que quizás la aventura resulte fácil para los aventureros curtidos, aunque igualmente se lo pasarán en grande.

Lo que sí es seguro es que enganchará a los menos experimentados completamente. Ah, pero hay un pero: La aventura empieza en un escenario muy cerrado, del que nos costará salir, ya que la solución para escapar me parece a mí un detalle de injugabilidad. Es la única dificultad que encuentro excesiva, ya que una vez fuera la jugabilidad es todo lo anteriormente dicho. Además se puede examinar gran cantidad de cosas, lo que dejará satisfechos a los exigentes "examinadores".

Así pues, sólo queda que felicitar a los autores y desear que sigan produciendo buenas aventuras.

AMBIENTACIÓN: 8
JUGABILIDAD: 7
GRÁFICOS: 6,5
GUION: 8
DIFICULTAD: 6
VALORACIÓN GENERAL: 8

Nota del autor: En 1991 empieza la historia de esta compañía, que se uniría a la Federación del CAAD. Con dos miembros originalmente, haciéndose con un PAW cada uno de ellos, practicaron con la aventura de demostración "El billete", pero tan solo Roberto consiguió finalizar

una creación, "La gran hazaña" que aquí nos ocupa. Por cierto, tuvo que reescribirla hasta en tres ocasiones debido a su poca soltura con el PAW, pero en siete meses ambas partes de su juego estaban listas, enviándolo con optimismo a las distribuidoras comerciales de la época.

El proceso de testeo descubrió varios errores y carencias, que llevaron a cuatro meses de correcciones y ampliaciones. En este punto, Roberto notó que técnicamente, el PAW no se podía comparar al DAAD empleado por Aventuras AD, así que tras otros seis meses de trabajo junto a Rubén Cagigal, se modificó el PAW mejorando los sistemas de descripción de localidades y salidas, se añadió el "Teclado Inteligente" (V y P) y el sistema de 42 caracteres por línea (gracias a I.M.D.) junto a otras características. Todas estas mejoras dieron origen al TAC mencionado en el comentario.

LA ISLA DEL TESORO

CAAD 19, página 16

VERSIONES: Spectrum

COMPAÑÍA: 3PSOFT

AUTOR: Alfonso Pérez Martínez y David Pérez Martínez

PRECIO: 450 pesetas

DISTRIBUIDOR: 3PSOFT

COMENTADOR: Javier San José

Y qué voy a añadir que no sepáis sobre la famosa novela de Robert Louis Stevenson. Los que hayáis leído el libro o visto la película ya sabréis de qué va la cosa, y los que no ¿a qué esperáis, majetes?

La aventura sigue bastante fielmente el argumento de la novela y se nos presenta en dos cargas (48K) con clave para acceder a la segunda parte, como ya va siendo habitual. De todas formas, al ser una novela extensa, parece que sus autores, a pesar de usar dos cargas, no pudieron meter la totalidad de la misma. Así si completamos la aventura sólo llegaremos a avistar la famosa isla. Quizá hayan pensado dejarlo ahí en espera de una posible continuación.

En general la aventura no destaca en ningún aspecto en particular, pero tampoco se queda corta en ninguno de ellos. Gráficos, PSIs, problemas, todo se mantiene en un aceptable nivel medio, por lo que se puede decir que es una aventura bastante equilibrada.

Además es muy recomendable, tanto para principiantes como para avezados aventureros. Los unos encontrarán problemas que se dejan resolver con facilidad, y los otros una aventura con cierto encanto y que invita a ser jugada.

En definitiva, creo que esta aventura agradará a todo el mundo. Esperemos que sus autores saquen pronto la continuación, ya que en cierto modo te quedas con las ganas tras jugar a esta primera parte.

AMBIENTACIÓN: 6
JUGABILIDAD: 9
GRÁFICOS: 7
GUION: 6
DIFICULTAD: 5
VALORACIÓN GENERAL: 6

Nota del autor: El porqué del origen del nombre de este grupo, 3PSOFT, reside en los apellidos de sus fundadores, todos ellos iniciados por la letra P: los hermanos Alfonso y David Pérez Martínez junto a Antonio Peláez Barceló (Tony $), su cabeza más visible. En su primer juego, "Juanito en busca de su baloncito" también participó Carlos Peña Hortal, que abandonó posteriormente el grupo y la creación aventurera. 3PSOFT se encargó también de la distribución de varias aventuras, tanto de Spectrum como de PC, publicitándose en las páginas del fanzine del CAAD.

"La isla del tesoro" es una buena adaptación, con unos gráficos pequeños pero bien realizados y unos problemas que a veces requieren del uso de un poco de inventiva y cierta lógica, como examinar bajo una

cama para encontrar un baúl. Tiene algunos fallitos –como la posibilidad de superar el 100% de resolución del juego– aunque cosas así suceden en casi cualquier juego, y también un requerimiento curioso, la necesidad de cargar un bloque de datos en la segunda parte –salvado justo tras concluir la primera– muy al estilo del sistema empleado en "Cozumel", aunque en este caso no podamos retornar a la primera parte.

LA ISLA DEL TESORO

LA LIBERACIÓN DE SILVANIA

CAAD 17, página 58

VERSIONES: PC (3 1/2 - 5 1/4)

COMPAÑÍA: Aventuras FJAP

AUTOR: Francisco Javier del Águila

PRECIO: 800 pesetas

DISTRIBUIDOR: CAAD

COMENTADOR: Javier San José

Los silvanos eran un pueblo pacífico, normalmente dedicados a sus quehaceres diarios. Todo esto hasta que se vieron invadidos por una horda de grargs, dirigida por uno de sus magos más poderosos, Magrarg. La reina de los silvanos, junto con el Consejo de Ancianos, hizo frente a las terribles hechicerías de Magrarg. El enfrentamiento fue terrible y al final, como suele ocurrir en estos casos, el mal, es decir, Magrarg venció. Ahora los silvanos son un pueblo oprimido por el poder de los invasores grargs.

```
                    L A   L I B E R A C I Ó N
                           D E
                      S I L V A N I A

lejanas regiones. A un lado del cruce se alza una estatua.

>>examina estatua
Es la gran estatua de un antiguo gobernante silvano. Desfigurada por la
erosión y el tiempo, sólo tiene reconocible media cara.

>>examina cara
Refleja una expresión severa, resaltando el ojo, con mirada profunda.

>>examina ojo
Sí, no te equivocas, es un ojo.

>>ayuda
¿Acaso estás atascado y no se te ocurre nada? Yo no creo que sea tan
difícil, pero si quieres, puedes escribirnos. Mira en los créditos para
saber dónde encontrarnos. (Por favor, incluye sobre franqueado).

>>_
```

Silvania es una aventura basada en el libro 'El Misterio de la Montaña de Plata'. Encarnaremos el papel del protagonista encargado de 'desfacer el entuerto'. Debemos encontrar unos objetos mágicos, que junto con la Gema del Destino y las palabras mágicas, nos permitirán derrotar a Magrarg. Un menú de opciones nos permite conocer la historia que ambienta la aventura. Asimismo el autor ha pensado en aquellos que nunca han jugado a una aventura conversacional y ha dispuesto unas pantallas en las que nos explica el funcionamiento de la aventura, es decir, verbos de acción más comunes, cómo teclear las órdenes, etc...

En cuanto a la aventura en sí, es notable el parecido del parser con el usado por el PAW. Admite las mismas construcciones. Un pequeño inconveniente es que las descripciones de localidad no permanezcan en pantalla, ya que cuando es necesario conocer la descripción hay que teclear el consabido MIRAR, lo cual es un engorro. Además, considerando que la aventura es sólo en modo texto, ello no hubiese supuesto ningún problema. Se podría haber reservado una zona de pantalla en la que apareciesen las descripciones de localidad y las salidas.

Un buen detalle ha sido la inclusión de las teclas de cursor como teclas de movimiento, esto nos evita el teclear los verbos de movimiento con la consiguiente comodidad para el jugador. La aventura se hace muy jugable, con problemas lógicos y una buena ambientación. En fin, una buena aventura muy recomendada para los usuarios de PC ávidos de conversacionales.

AMBIENTACIÓN: 9
JUGABILIDAD: 8
GRÁFICOS: --
GUION: 6
DIFICULTAD: 6
VALORACIÓN GENERAL: 7

Nota del autor: Tenemos aquí otra aventura para PC, también ópera prima de su autor, y al mismo tiempo, su última creación aventurera. Programada en Pascal, para desarrollarla contó con la colaboración de Marco Antonio Blanco y Miguel Ángel del Águila.

El libro en el que se basó la aventura, de Chris Oxlade y Judy Tatchell e ilustrado por Chris Riddell y Mark Duffin, fue publicado en España por Anaya en 1985, y formaba parte de una serie de libros sobre programación, tratando varios de ellos las aventuras.

En este caso, el juego era un listado en BASIC al final del libro, anotado para las particularidades de varios sistemas. Francisco Javier reutilizó el argumento y mejoró las extensas descripciones del libro, pero empleó el Pascal para realizar la programación.

LOS ELFOS DE MAROLAND

CAAD 20, página 9

VERSIONES: Spectrum

COMPAÑÍA: Kame Soft

AUTOR; José Daniel Carbonell Cob

PRECIO: 350 pesetas

DISTRIBUIDOR: Kame Soft / Federación

COMENTADOR: Javier San José

La compañía Kame Soft nos presenta la que parece primera entrega de una serie de aventuras. 'Maroland Tales' es el peculiar nombre de dicha serie y 'Los Elfos de Maroland' el nombre de la primera entrega. Se trata de una aventura en dos cargas para ordenadores Spectrum 48K y 128K.

Pasemos pues a comentar la aventura. Ya desde que vi la carátula de la cinta el dibujo en ella impreso me recordó algo que ya había visto antes; precisamente el diseño de la portada de la serie 'Los libros de Terramar' de la genial Ursula K. Le Guin. Bueno, pensé, quizá es una coincidencia o es que los autores no estaban muy inspirados para dibujar la carátula de presentación. Todo hubiese quedado ahí de no ser porque tras cargar el juego apareció ante mis ojos el mapa de los lugares donde se desarrolla la aventura. Un mapa muy peculiar, todo plagado de islas junto con sus nombres. ¿Otra coincidencia?, no creo. Digo esto porque la serie de 'Los libros de Terramar' se desarrolla, precisamente en Terramar, un conglomerado de islas. Y ya para confirmar mis sospechas la pantalla me mostró un texto, una especie de versos o ensalmo, a cuyo pie aparecía la inscripción 'The Books of Earthsea' que traducido al castellano queda como 'Los libros de Terramar'.

***Has llegado a un punto donde el acantilado se dobla formando un semicirculo.Puedes ver un mango de pala.
El Gebbet te sigue.
Linhir te sigue.
Oyes extraños ruidos. Linhir dice:"Debe de ser alguna bestia

Pulsa los tecla...

Para los que no os hayáis percatado esta introducción ha servido para decir más o menos lo siguiente: los autores han basado esta aventura en Terramar, donde Ged, el protagonista de los libros, vive sus aventuras.Lo que no han hecho los autores es 'calcar' el argumento y toda similitud con las novelas queda en la carátula de presentación, en los versos iniciales y en el mapa de las islas. Kame Soft ha desarrollado una entretenida aventura, donde los problemas se nos van presentando en nuestro deambular por ahí y en ningún caso son ilógicos o de una dificultad tan elevada que debamos abandonar la aventura a los pocos movimientos. Es una aventura que se deja jugar y con un poco que pensemos vamos resolviendo los problemas, que por cierto no son demasiados. Mención especial merecen los PSIs que aunque simples y limitados en sus reacciones, cumplen el cometido de realzar la ambientación de esta, ya de por sí, bien ambientada aventura. Los gráficos, bueno, quizá sean el único punto negativo de la aventura. Desde luego se han visto mejores gráficos (y peores) y los de esta aventura son realmente mejorables, pero si el aspecto gráfico no te importa demasiado no dejes que esto te preocupe.

En fin, esperemos que las próximas entregas de la serie al menos mantengan el nivel de calidad de esta.

AMBIENTACIÓN: 8
JUGABILIDAD: 7
GRÁFICOS: 4,5
GUION: 5
DIFICULTAD: 6
VALORACIÓN GENERAL: 7

Nota del autor: Kame Soft tan solo tuvo una creación, y es la aquí comentada, finalizada en 1993 usando el PAW en castellano, con la colaboración de Francisco Guillem en el guion. Sin embargo, Daniel – más conocido actualmente como Dwalin– inició otro trabajo denominado "La Balada de Leithian" para Spectrum 128, abandonando su desarrollo antes de concluirla. Afortunadamente, en 2019 el autor pudo recuperar su añejo trabajo gracias a la fiebre retro. Realizaría otra aventura doce años después, para PC en este caso, titulada "Las aventuras de Rudolphine Rur", empleando Glulx. Para no perder la costumbre, inició entonces otra aventura que también se abandonó antes de su conclusión, llamada "Fray Guillermo y el clavo de oro".

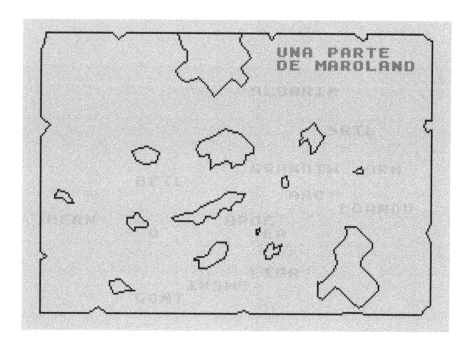

LOS MISTERIOS DEL GUSANO

CAAD 30, página 47

VERSIONES : Spectrum

COMPAÑÍA: Videofex

AUTOR: Boris

PRECIO: Dominio Público

DISTRIBUIDOR: CAAD Dominio Público

COMENTADOR: El Caballero Heavy

Boris os invita a unas vacaciones por un mundo muy especial: el de la obra de Lovecraft. Y contaremos, sin duda, con la mano de un guía excepcionalmente versado en los misterios del gusano, un verdadero iniciado. La ausencia de gráficos (un defecto quizá para algunos) se ve sobradamente compensada por unas descripciones y comentarios de una calidad media alta; algunos pasajes en concreto los firmaría el propio Lovecraft o alguno de sus discípulos más sobresalientes (como A. Perleth, Bloch, Hazel Heald, etc.). Y si a nuestro entender una atmósfera adecuada, unida a brillantes situaciones inesperadas, predisponen ya el ánimo del sufrido aventurero a seguir jugando, os podéis imaginar que un argumento en general bien trabado y soluciones lógicas a la mayoría de los problemas, no menguan en nada el buen juicio que nos merece ésta que tenemos delante. Pero pasemos a un plano más concreto.

'De Vermis Misterii' ('De los misterios del gusano', para los que no sepáis ruso) consta de dos partes, la segunda titulada 'Cultos sin Nombre'. En la primera, invitado por una amiga a la que infructuosamente buscas (por ahora), deambulas por un pintoresco pueblo semiabandonado, de aspecto apacible, si bien aquí y allá se insinúan los terrores que ocultan las gastadas piedras. Enigma tras enigma descubriréis a sus 'otros' habitantes, en ocultas criptas y subterráneos, y sabréis que vencer a esas fuerzas arcanas es algo más complicado que pinchar una aceituna. ¿Os gustaría conocer a Cthulhu, aun a costa de vuestra escasa salud mental? Pues ya lo sabéis.

Amorfidades que se arrastran, cadáveres reveladores, momias hambrientas... Todo ello garantiza una agradable compañía, siempre manteniendo el buen gusto por lo macabro que caracteriza la escuela Lovecraftiana.

Los Psis algo limitadillos, pero cumplen su papel y son una decoración adecuada. Muchos de ellos poseen movilidad.

La jugabilidad, ya lo hemos avanzado, es también alta. Quizá en la segunda parte sobre alguna 'muerte súbita' (por suerte contamos con las opciones de cargar y grabar del emulador).

Personalmente prefiero esta segunda parte, sin embargo, por el ingenioso uso de las direcciones en el laberinto subterráneo y unas situaciones muy hábilmente diseñadas, si bien en el aspecto de ambiente el terror aparece con más crudeza, menos artísticamente tratado.

A pesar de girar en torno a un autor (Lovecraft) de principios de siglo, detalles como el de los yonkies le dan una triste actualidad, que aumenta la sensación, con estos rasgos cotidianos, de irrealidad onírica.

¡Ah, muy bueno el inicio de la segunda parte! A Poe le hubiera encantado. Y con esto y la cálida recomendación por esta aventura, esperando que disfrutéis con ella tanto como yo, seáis iniciados en los mitos de Cthulhu o no, me despido con la siguiente conclusión: es una sana dieta para vuestro PC y... un buen alimento para vuestras pesadillas. Que el Signo os proteja.

AMBIENTACIÓN: 9
JUGABILIDAD: 7,5
GRÁFICOS: –
GUION: 8
DIFICULTAD: 7,5
VALORACIÓN GENERAL: 8,5

Nota del autor: Bajo el seudónimo de Boris, Julio Peláez realizó una aventura en dos partes –realizada en 1993 la primera y al año siguiente la segunda– con tintes lovecraftianos que ha envejecido muy bien. Se nota que el comentarista la disfrutó, y tú también lo harás con prácticamente la mejor aventura inspirada en la mitología de Lovecraft que se ha escrito en España. Es un juego complicado, que se aleja de las típicas soluciones a los problemas que nos encontraremos, y donde en ocasiones es necesario insistir para encontrar una solución. El aventurero medio tendrá grandes dificultades… pero las disfrutará. O las sufrirá.

```
    La calle, iluminada bajo la
luz de la luna, avanza tortuosa
hacia un lugar en la lejania.
Las casas, rotas y viejas,
siguen envolviendo el lugar. Una
casona se levanta mejor
conservada que las otras. Un
chico joven se encuentra apoyado
junto a una puerta.
    Salidas: SUR ENTRAR
━━━━━━━━━━━━━━━━━━━━━━━━━━━━━━━━━
>>>AYUDA
    Para cualquier tipo de ayuda
contacta con el programador.

>>>I
    Absolutamente nada.

>>>█
```

LOS VIENTOS DEL WALHALLA

CAAD 23, página 30

VERSIONES: Spectrum 128

COMPAÑÍA: Grupo Creators Union

AUTOR: Josep Coletes Caubet, Monrah y Alex Marcet

PRECIO: 450 pesetas

DISTRIBUIDOR: Grupo Creators Union

COMENTADOR: JON

Cuentan los más ancianos de la aldea que llegará un día de terror y desolación para el pueblo vikingo; Balder "el imperecedero" será atravesado por una lanza de muérdago astutamente dispuesta por Loki. El feroz Lobo Fenris se liberará de sus cadenas y enzarzándose en terrible combate con Odín, padre te todo, matará al soberano y lo devorará. La impía serpiente marina Iormungandur derrotará a Thor, hijo de Odín.

A estos acontecimientos les sucederán tres años sin estío, precedente de los tres siguientes donde los hombres, ciegos de una rabia sobrenatural, se exterminarán entre sí. El séptimo año los lobos se tragarán los astros sumiendo al caótico mundo en una insana oscuridad. El mar se desbordará y en una vasta llanura los espíritus maléficos y los genios tutelares se enzarzarán en un último combate del que no saldrá ningún superviviente. Será el Ocaso de los Dioses y, por supuesto, el fin del mundo.

Pero los hombres prefieren no pensar en ello y han llegado a convencerse de que no se trata más que de cuentos de viejas para asustar a los niños.

Quién iba a pensar que tú, Gunnar, hijo del recientemente fallecido guerrero Ingmar, iba a sentir en su propia piel la veracidad de esos "cuentos".

Un ambiente con un pié en la realidad y otro en la más pura mitología fantástica bárbara es lo que este "Los Vientos del Walhalla", última producción del grupo catalán "Creators Union" nos ofrece. Un ambiente histórico muy documentado que nos sumerge en la sociedad de las viejas comunidades normandas de una manera sorprendente. El grado de realismo alcanzado alcanzado por estos catalanes es increíble, consiguiendo que nos introduzcamos en las pieles de Gunnar e Ingmar, los dos personajes con los que jugaremos. Pero lo que más sorprende en esta aventura es lo perfectamente captada que está la idea de introducir dos mundos, uno real y otro imaginario, de una manera creíble; resulta asombroso sentir cómo nos envuelve ese aire misterioso y fantástico que nos hace aceptar, e incluso creer, que existe un reino celestial llamado Asgard, donde habitan los dioses en un "impresionante palacio de 540 puertas, por las cuales pueden entrar hasta 800 combatientes en línea de frente", un roble parlanchín, un gigante tuerto e incluso una terrible serpiente marina.

Los personajes ayudan mucho a lograr el ambiente necesario. Todos ellos parecen comportarse como personas normales (o tal vez las personas normales empiezan a parecerse demasiado a PSIs), van a trabajar, a comer… siempre están haciendo algo, aunque quizás se echa en falta un poco más de conversación por su parte pero eso es muy discutible pues yo no soy partidario del típico: Decir fulano "ayuda" y que éste te suelte una retahíla de pistas como si estuviese esperando que se la pidieras dando la sensación de que el PSI está sólo como un cartel informador, lo cual no es creíble. Pero, por supuesto, eso es muy discutible. Esta pequeña falta, que puede no serlo, se ve compensada por la gran cantidad de acciones que parecen ser capaces de realizar.

El programa está repleto de escenas auténticamente antológicas como cuando tienes que aprender a manejar el barco y todo el viaje en sí. Pero algunas escenas que podrían haberse convertido en "cumbre" de la aventura en España (como la aparición del gran Cthulhu en "The Crawling Horror" o la conversación con Amos Stark en "Whitman Day")

pierden esa "magia" que envuelve a todo el programa con alguna respuesta absurda de un PSI: La fantástica escena del roble en el bosque, cuando este abre una especie de ojos y se dirige a ti para quejarse porque has intentado talarlo se ve rebajada enormemente cuando este empieza a contestarte con un denigrante estilo a "Juan de la Cosa".

La aventura es, sobre todo, increíblemente larga y muy, muy variada, se puede afirmar que nunca nos aburriremos pues la gran cantidad de escenas, personajes, mapeado y ese airecillo que tiene a que "todavía queda mucho por ver", te pega al monitor de tal manera que puedes empezar a tener ciertos ademanes bárbaros tras varias sesiones de juego (y eso si no eres epiléptico).

Quizás algo se le puede echar en falta, como el que no existan descripciones de los personajes y que haya pocas respuestas al comando examinar, pero el programa es versátil y las fantásticas instrucciones que lo acompañan contienen una serie de verbos que te serán de gran utilidad.

Los textos son correctos y descriptivos, sin faltas (que yo haya visto) ni frases sin sentido y cosas de esas que se ven en otras aventuras. No esperes encontrarte ante una auténtica novela. En este apartado cumple correctamente.

El desarrollo, como ya he dicho antes, es demasiado viciante y complicado como para arriesgarse a jugarla en época de exámenes, así que ya sabéis: guardad este programa bajo llave.

En el aspecto gráfico el programa cumple con nota alta. Gráficos simples pero efectivos (además de ocupar mucha menos memoria), nunca veremos uno repetido. Estos cambiarán con el día y la noche, oscureciéndose y apareciendo unas bonitas estrellas y una luna que no cambia de fase en más de un mes, curioso.

Las puertas se abrirán y cerrarán y cuando algo nuevo aparezca en la localidad, el gráfico se verá modificado (agujeros que destapamos, objetos que "rompemos", los antes citados ojos del roble, etc...)

Quizás lo que se le echa en falta es un poco de colorido, vistas las anteriores producciones de "Creators Union" sabemos que son capaces de llenar de color sus aventuras.

El taller.
Quizás la edificación más grande del poblado. En su interior son creados los llamados "drakkars" de comercio (Knarrs) y de guerra con fieros mascarones (Karvs y Langskips).

> ☐

Un consejo: Atentos a los gráficos nocturnos, los juegos de luces mejoran mucho el resultado.

En definitiva, nos encontramos ante un fantástico programa que demuestra que en un Spectrum se pueden hacer aún muchas cosas y muy buenas (eso sí, si dispones de un 128K).

Si te consideras un aventurero y no tienes en tu programoteca lo último de "Creators Union" será mejor que vayas pensando en pasarte a los matamarcianos.

Sencillamente imprescindible.

AMBIENTACIÓN: 9,5

JUGABILIDAD: 9

GRÁFICOS: 8,5

GUION: 8

DIFICULTAD: 6

VALORACIÓN GENERAL: 9,5

Nota del autor: Este título de puede considerar como una de las mejores creaciones de Josep Coletes, lo que ya es decir. Al menos, si consideramos el esfuerzo puesto en ella, está en lo más alto de la lista, puesto que el mismo autor manifestó lo siguiente en los foros del CAAD: «Sólo añadir que "Los vientos del Walhalla" y "Barbarian Quest" son las dos aventuras de mi repertorio que yo llamo "las obras faraónicas", ya que me llevaron un trabajo inmenso. »

En los Premios CAAD a la Aventura resultó doblemente galardonada, con el premio al mejor guion en la primera edición, y el de mejor ambientación en la segunda.

Se mire como se mire, este título es uno de los más importantes –y mejores– realizados en España, incluyendo los comerciales. Solo me queda repetir lo que dijo JON hace un cuarto de siglo: Sencillamente imprescindible.

MEMORIAS DE UN HOBBIT

CAAD 24, página 40

VERSIONES: Spectrum

AUTOR: Javier San José

PRECIO: 400 pesetas

DISTRIBUIDOR: Bolsa del CAAD

COMENTADOR: Daniel Carbonell

Esta es la segunda y por ahora última creación del por todo conocidos Javier San José. En ella como el mismo autor nos contó se pretende dar una continuación a la historia contada en El Señor de los Anillos. La verdad es que Javier no se ha ceñido mucho al final de la historia, pues en ella se narra el viaje de Frodo, Bilbo, Gandalf y compañía a las Tierras Imperecederas, pero se describe este continente como un paraje muy parecido a la Tierra Media, y no como el lugar maravilloso e inmortal que Tolkien describe.

Pero a pesar de esto el guión nos mete en la historia. Resulta que tras unos años viviendo en paz en su nuevo hogar, el viejo Bilbo murió. A su funeral asistieron multitud de personalidades, pero en medio del funeral una bestia alada apareció en el cielo y cogiendo a Galadriel entre sus garras se la llevó a su guarida. Nuestra misión en la piel de un valeroso marinero es rescatar a Galadriel del poder de la bestia.

Lo que realmente mete en ambiente es estar acompañado de PSI's como Gandalf y Frodo. Frodo incluso lleva consigo un anillo, algo que hace que vuele tu imaginación pensando en otro famoso anillo. Quizá estos personajes entiendan demasiadas pocas cosas, pero realmente parecen personas. Gandalf quizá por su sabiduría no te hará mucho caso, y cuando se cansa de seguirte se va a buscarse la vida. A veces te sentirás como fuera de lugar mientras Gandalf y Frodo hablan entre ellos, como si los protagonistas fueran ellos más que tú.

El programa presenta unos problemas no excesivamente difíciles, que hacen que la aventura tenga una gran jugabilidad, pues cuando consigues superar un enigma se te presenta otro en una localidad que hasta ese momento no habías descubierto...

Los gráficos del programa son muy buenos. Están perfectamente realizados y además son a color, no monocromos como últimamente estamos acostumbrados a ver. Algunos de ellos tienen efectos como parpadeos. En fin un excelente programa que demuestra que con 48k aún se pueden realizar maravillosas aventuras. Si eres aficionado a Tolkien y a las aventuras fantásticas en general seguro que te gusta.

AMBIENTACIÓN: 8,5

JUGABILIDAD: 8

GRÁFICOS: 8,5

GUION: 8

DIFICULTAD: 7,5

VALORACIÓN GENERAL: 9

Nota del autor: Javier San José ha sido uno de los mayores colaboradores del CAAD desde sus inicios. Gran cantidad de los comentarios vistos hasta ahora son suyos, pero además Javier también inició el primer libro-juego del CAAD, inauguró la distribución de aventuras a través de la Bolsa del CAAD con su creación "Historias de Medialand", programó el cargador que precedía a cada juego así distribuido donde se indicaban los créditos del mismo, llevó adelante cursillos y resoluciones de dudas para los parsers PAW y SINTAC y desarrolló este último para PC. Añadamos a todo ello sus creaciones aventureras, como la aquí comentada –una de las siete ganadoras del Concurso– nada menos que con tres partes, y empezaremos a hacernos una pequeña idea del gran papel que Javier ha representado en el mundillo aventurero.

MIDNIGHT

CAAD 26, página 67

VERSIONES: Spectrum

COMPAÑÍA: Wazertown Works

AUTOR: Carlos Sisí Cavia

PRECIO: 400 pesetas

DISTRIBUIDOR: Bolsa del CAAD

COMENTADOR: The Door Keeper

Nos encontramos ante uno de los "7 magníficos", ganador del concurso de Aventuras AD-Microhobby, y por ello del tan ansiado, por los programadores de aventuras, DAAD. En esta aventura asumimos el papel de Sam, un cartero/vendedor ambulante, cosa que no queda muy clara en la aventura. Sam se encuentra atrapado en una mansión y debe huir de ella si no quiere servir de alimento al engendro de dicha mansión. El motivo de su estancia en dicha mansión se debe a uno de los "gajes" de su oficio.

Bajo este sencillo, pero interesante argumento, los chicos de Wazertown Works nos sitúan ante una aventura que se perfila de terror, pero la verdad es que luego el único terror que se experimenta al jugarla, se debe a la ira que prodece el ver que el ordenador no entiende ciertas cosas fundamentales. La verdad, no me explico cómo este programa ha podido ganar el DAAD, ya que ni siquiera entiende el verbo SACAR, y debemos teclear algo fuera de lo normal como COGER FUERA. Debido a estos descuidos en la programación, el programa pierde interés y adicción al disminuir la jugabilidad.

El juego cuenta con las mejoras y defectos que proporciona el PAW, con lo que los amantes de las mejoras de Aventuras AD quedamos algo decepcionados. El guión es muy simple, y los problemas son bastante fáciles. Los más difíciles se deben a los defectos de programación que presenta la aventura. Los PSI son escasos, solamente tres, y son de comprensión y movimiento muy simple y poco controlados, ya que se puede encerrar a Roy en una habitación y luego verlo por "arte de magia" en la cocina.

Por otro lado, el programa cuenta con ciertos "bugs" o fallos que hacen que el aventurero se quede totalmente pasmao. P.E. tras darle la gallina a Hoob porque me la pedía, posteriormente el programa me indica que Hoob me quita una gallina.

La aventura es un poco corta, cuenta con sólo 13 pantallas, y los objetos también son bastante escasos, habiendo bastantes "red herrings". Los gráficos son lo mejor de la aventura, pero no son maravillosos. Están realizados en blanco y negro, y presentan un cierto cuidado por parte del autor, resaltando el hecho de que presentan un cierto cambio en función de las órdenes que demos.

En fin, se nota que los chicos de Wazertown Works pueden dar bastante más de sí, pero parece que lo que más les interesaba en esta aventura eran los gráficos. Esperemos que en todas las aventuras no hagan lo mismo, ya que lo que verdaderamente vale en una aventura es el guión y no el texto. Si lo que buscas es una aventura en la que los gráficos se muevan y presente movimiento, esta es vuestra aventura. Si, por el contrario, buscáis guiones buenos, buenos PSI... buscad en otra parte.

Personalmente no llego a entender cómo el mismísimo Samudio afirma en la Microhobby 211 (pag.43), que la aventura utiliza a fondo los 128K y que las cosas y los objetos están especialmente bien tratados, cuando en realidad funciona en 48 K y el tratamiento de objetos-cosas es el propio del PAW.

AMBIENTACIÓN: 4,5
JUGABILIDAD: 1
GRÁFICOS: 6
GUION: 3
DIFICULTAD: 5
VALORACIÓN GENERAL: 3,5

Nota del autor: Carlos Sisí es hoy en día un conocido escritor con varias sagas fantásticas y de terror a sus espaldas. Sin embargo, hace unos lustros era un activo colaborador del mundillo aventurero, preguntando en el CAAD como cualquier otro, pero también ofreciendo soluciones. De hecho, posteriormente Carlos se encargó de llevar adelante una sección de programación con el PAW que se prolongó durante nueve números.

Su producción aventurera se inició con "Las cavernas de Fafnir" del año 1989, que se distribuyó a través de la Bolsa del CAAD. La que nos ocupa en este comentario, "Midnight", comparte el año de creación y su distribución por la Bolsa del CAAD. El resto de su producción es "El Ojo del Dragón", "Excessus", "Heresville" (las tres de de 1990) y "Johnnie Verso", de 1991. Carlos se encargó de la distribución de todas ellas a través de su sello Wazertown Works.

MUNDO SUBTERRÁNEO

CAAD 18, página 16

VERSIONES: Spectrum 128

COMPAÑÍA: Advanced Adventure Creations (AAC)

AUTOR: Juan Manuel Martín Castillo

PRECIO: 350 pesetas

DISTRIBUIDOR: AAC

COMENTADOR: El Caballero Heavy

Nos encontramos ante una nueva compañía de aventuras llamada AAC y dirigida por un tal JON, que con MUNDO SUBTERRÁNEO (una de las muchas aventuras realizadas por dicha compañía) pretende sumergirnos en el ambiente mágico de las cavernas (Aventura Original, por ejemplo).

Nuestra misión consistirá en cargarnos al dragón de turno para que, con sus riquezas, vuelva la prosperidad y el buen tiempo a nuestro querido pueblo. Con este simple argumento línea "The Hobbit" se desarrolla una aventura en la que la sencillez de los problemas hará que la terminemos casi en una sentada. Los gráficos son bastante pasables (en la línea Aventura Original-Cavernas de Fafnir) y hay muchos personajes que se mueven "a lo loco" por las cavernas (recordando a los goblins de "The Hobbit").

No sé si os habréis fijado, pero hasta aquí no he hecho más que compararla con otras aventuras, y es aquí donde la aventura se quiebra. La mayoría de los problemas y situaciones están sacados de varias aventuras (el Orco torturando al Kender = Troll y Kender de "El Señor del Dragón", la salamandra = Mackle de "Las Cavernas de Fafnir", el pergamino teletransportador = pergamino de "Wiz Lair", entre otros) haciendo que la originalidad del desarrollo se reduzca considerablemente.

La jugabilidad también baja, sobre todo debido a un curioso efecto del que adolecen otras aventuras: Según la acción que hagas el ordenador te responde con una línea en blanco, quedándote sin saber si lo que intentas hacer es para bien o para mal, si fu si fa, en fin, que te quedas con un interrogante sobre la cabeza.

Por cierto, es destacable que el final no se limite a un simple mensaje sino a un buen gráfico. A pesar de estos defectos, se ve que JON puede ofrecernos mejores y más originales aventuras que esta, y esperamos ver pronto sus otros trabajos.

Mundo Subterráneo es la mezcla de varias aventuras de la Bolsa del CAAD, y esto se nota mucho, pues el autor al no esforzarse en el argumento, ha cogido las situaciones que más le agradaban de las aventuras y las ha unido mediante el desarrollo general para crear una nueva aventura, que es la que tenemos entre manos.

Además, para 128 K se esperan aventuras con un desarrollo mucho más largo que el establecido en ésta. Bueno, también tengo que decir que lo de los goblins y los demons del laberinto ilógico y su semejanza con THE HOBBIT está hecha adrede, ya que hay un cartel que si lo examinas te sale algo así como "recuerdos de Bilbo Bolsón".

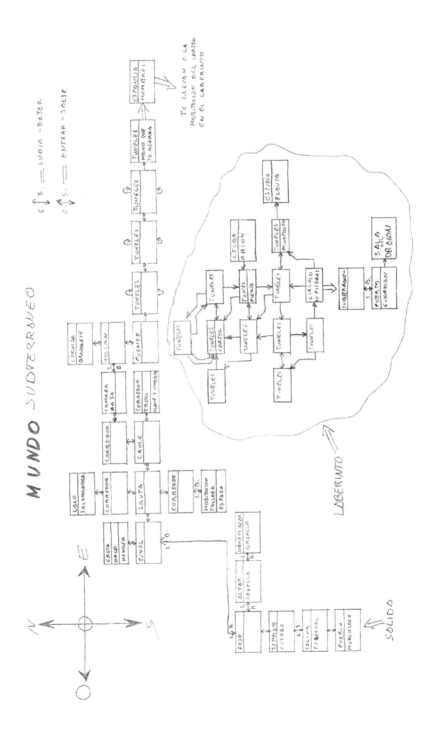

MUNDO SUBTERRANEO

S. ↕ B. ══ SUBIR - BAJAR
E. ↔ S. ── ENTRAR - SALIR

TE LLEVAN A LA
HABITACION DEL CARTEL
EN EL LABERINTO

LABERINTO ⇒

SALIDA ⇒

AMBIENTACIÓN: 6

JUGABILIDAD: 6

GRÁFICOS: 7,5

GUION: 5

DIFICULTAD: 3

VALORACIÓN GENERAL: 6

Nota del autor: Juan Manual Martín Castillo, también conocido como JON, descubrió el mundo de la aventura con 14 años, leyendo la sección samudiana de Microhobby "El Mundo de la Aventura". Adquirió el PAW de Aventuras AD para participar en el Concurso, pero no le dio tiempo de presentar ninguna obra dentro del plazo. Sin embargo, resultó ser un prolífico autor de aventuras, pues en el período comprendido entre 1990 y 1993 creó hasta nueve títulos con el PAW, y fue el grafista de otro más. Hubo que esperar una década para que nuevas obras suyas apareciesen, las dos aventuras breves realizadas con Paguaplús "Enterrado vivo" y "Enterrado vivo 2".

NANUK

CAAD 31, página 36

VERSIONE5: PC

COMPAÑÍA: Mago Soft

AUTORES: Cristóbal González y Miguel Fenech

PRECIO: 800 pesetas

DISTRIBUIDOR: Mago Soft

COMENTADOR: Antonio Olvera Calderón

- ¡Águila a Control, Águila a Control! ¡CAMBIO!

- ¡Te recibimos Águila! ¡CAMBIO!

- ¡Se ha desatado un fuerte temporal, perdemos el control del avión! ¡CAMBIO!

- ¡Denos su posición Águila! ¡CAMBIO!

- ¡Atravesamos las montañas de NANUK… tormen… aa…

- ¡Águila! ¿Me recibes? ¡CAMBIO!

- …

- ¡ÁGUILA! ¡Contesten por el amor de Dios! ¡CAMBIO!

- …

MAGO SOFT nos transporta al corazón de las montañas de NANUK y de todos sus alrededores. Eres un gran piloto de mercancías aéreas pero la mala suerte se apoderó de ti en un simple vuelo regular con destino a El-Ka-Yusuf. El accidente fue inevitable. La tormenta, esa miserable tormenta, acabó con la vida de tu copiloto, tu mayor amigo en estas correrías. Pero la vida sigue… y debes ideártelas para volver a la civilización.

El desarrollo de la aventura es el clásico (clásico=lo de siempre) pero incluye algunas novedades que son dignas de ser comentadas.

Los marcadores. Es cierto que esto ya está dejando de ser novedad en el mundo de la aventura, pero creo que es necesario indicarlo en este comentario. Estos marcadores incluyen las salidas, los turnos y un curioso gráfico que indica el aproximamiento de nuestro héroe a la civilización.

Los PSI's. Son escasos. Apenas tres de ellos. Esto si que es novedad en un mundo donde los personajes están al orden del día. Los de esta aventura son inmóviles, con escaso diálogo y no muy trabajados.

El ambiente es de lo más justito. Los gráficos no son nada del otro jueves, pero están ahí y cumplen su cometido. Algunos varían según dejes o cojas ciertos objetos. Los textos son igual de justitos.

La jugabilidad. Regular tirando p'abajo. El escaso vocabulario, las extrañas situaciones que se suceden, los PSI's y demás fallos típicamente técnicos, me hacen llegar a esta conclusión.

Lo que sí se nota es que sus autores le han puesto lo que hay que poner, para llevarnos a nuestras pantallas un producto que merezca ser reconocido por el CAAD. De momento, el primer paso ya lo han dado con esta aventura. Estoy absolutamente convencido que los chicos de MAGO SOFT (Cristóbal y Miguel son los autores de este juego) solo han calentado motores para demostrarnos en próximas creaciones, lo que verdaderamente saben hacer.

En fin, otra aventura más para la conversacionaleteca de los aventureros más fieles a éste género de juegos. Recomendado para todo el mundo.

Solo una cosa más… Menudo susto me llevé al final…

AMBIENTACIÓN: 6

JUGABILIDAD: 6,5

GRÁFICOS: 5,5

GUION: 6

DIFICULTAD: 5

VALORACIÓN GENERAL: 5,5

Nota del autor: "Nanuk" es otra ópera prima para PC, y también la primera creación de los miembros del equipo malagueño Mago Soft… y la última. Es la primera aventura que se puso a la venta empleando el nuevo parser de Javier San José, el SINTAC G2. El desarrollo llevó un año, aunque es cierto que debido a los estudios, tan solo se trabajaba en ella los fines de semana… y cuando se tenían ganas. A lo largo del proceso se mejoró tanto el dominio del parser –aunque algunos fallos de control de banderas quedaron por corregir– como la calidad de los gráficos, que muestran un progresivo incremento en su nivel. Con toda sinceridad, Cristóbal indicó en su momento que el grafista nunca había creado ilustraciones previamente, y fue escogido simplemente para que él pudiera concentrarse en la programación, sin tardar el doble de tiempo en finalizar el juego.

NEGRA NOCHE

CAAD 31, página 26

VERSIONES: PC

AUTOR: Carlos Martínez Aguirre

DISTRIBUIDOR: Soporte Lógico 3P

PRECIO:1000 pesetas

COMENTADOR: El Caballero Heavy

En Negra Noche juegas el papel de un policía negro al viejo estilo de la novela negra. En este oscuro mundo deberás echar un poco de luz sobre el caso que te han asignado: Alguien está asesinando líderes negros para provocar disturbios. La aventura está ambientada en los años 50, y en Harlem, para más señas. Posee gráficos digitalizados.

Demos un repaso general a la aventura:

AMBIENTACIÓN: Muy bien ambientada, tanto gráficamente como por los textos. Aunque tengo que decir que he encontrado algunos errores de «hortografía» o de despiste en ellos.

JUGABILIDAD: Normalilla más bien, acepta tanto infinitivo como imperativo pero en cierta escena en vez de «disparar pistola» sólo funciona «dispara pistola».

GRÁFICOS: En este apartado se han lucido (en el buen sentido de la palabra). 5e trata de gráficos digitalizados en, si no me equivoco, 256 tonalidades de grises.

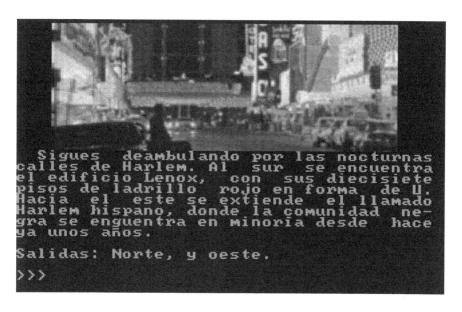

GUION: Original por el lugar y el tiempo, aunque a mi me recuerda algo a «LOS PÁJAROS DE BANGKOK» (por lo de ir de un lado a otro continuamente buscando pistas). En general está muy bien trabajado.

Además se puede decir que los lugares que encontraremos por nuestro deambular por las calles son muy variados.

DIFICULTAD: Alguna pega al principio, pero cuando le cogemos el truquillo la cosa se pone fácil.

PSIS: Muy simples. Diálogos automáticos sin control. Simplemente hay que teclear «HABLAR (PERSONAJE)» y según lo que hayamos descubierto preguntaremos una cosa u otra, a lo que el personaje responderá seguidamente.

SONIDO: Cómprate un silbato.

CONCLUSIÓN: Una buena aventura muy bien ambientada en la que impera el «examinar» y la comunicación con los personajes (aunque sea de forma automática). A los que les van los gráficos disfrutarán dando vueltas por las calles aunque no hagan nada, paseando simplemente. Por cierto, en las instrucciones se nos recomiendan unos cuantos títulos de novelas negras interesantes. Un buen detalle.

AMBIENTACIÓN: 9
JUGABILIDAD: 6
GRÁFICOS: 9
GUION: 8
DIFICULTAD: 6
VALORACIÓN GENERAL: 8,5

Nota del autor: Carlos Martínez Aguirre, más conocido en el mundillo aventurero como planseldon, fue uno de los principales aportadores de contenido a wikiCAAD hace más de una década, y directamente de ahí reproduzco sus palabras sobre su propio juego: "La aventura, programada en BASIC contaba con gráficos en MCGA digitalizados de viejas fotografías de Nueva york. La digitalización se hizo con un escáner monocromo de mano y los tonos grises gracias a programas de retoque mediante difuminado. El guión está inspirado en la novela de Chester Himes "Un ciego con una pistola", y las descripciones contienen varios textos de la novela. La aventura se distribuyó por correo, con instrucciones y discos con etiqueta del juego. El precio era de 1000 pesetas. Se vendieron más de treinta ejemplares, siendo el mayor éxito comercial de 3PSOFT". En el mismo CAAD 31 se publicó justo tras el comentario un extenso artículo donde Carlos describe con detalle el proceso de creación del juego. Carlos también aportó en wikiCAAD ingentes cantidades de capturas de pantalla e imágenes del soporte físico de los juegos. Varias las incluí en mi libro "AD: Una aventura contada desde dentro" y alguna otra también ha sido reproducida aquí (esos disquetes…). Por todo ello, y por su juego, debo decir: Gracias, Carlos.

«Son las dos de la madrugada en Harlem y hace calor. Más allá de las ventanas de tu despacho puedes ver encendidas las luces de las calles. Mientras en el resto de la ciudad la gente lleva un buen rato intentando dormir, en Harlem la noche aún no ha comenzado. Los letreros de neón y los faros de los coches iluminan los rostros de distinto color de aquellos que se mueven por las aceras. Más abajo, los grandes edificios de Manhattan han finalizado su actividad. Los blancos trabajan bien durante el día. La noche es para la gente de otro color.

Justo antes de terminarte el tercer rubio de la jornada el comisario Anderson acompañado de dos policías blancos entra en tu oficina.»

Soporte Lógico 3P
Presenta:

NEGRA NOCHE

Una aventura conversacional clásica de genero negro para ordenadores PC y compatibles.
Para comprarla envía una carta y un giro postal de 1000 Ptas. especificando el tipo de unidad de disco que posees (3½ o 5¼ y HD o DD). Para disfrutar de los gráficos MCGA (Opcionales) es necesario disponer de disco duro.

Carlos Martínez Aguirre
Avda. Manzanares Nº 68 - 7º B
28019 - Madrid

ODISEA

CAAD 24, página 42

VERSIONES: Spectrum

COMPAÑÍA: Juana Pueblo Soft

AUTORES: Chape y Bobo

PRECIO: 450 pesetas.-

DISTRIBUIDOR: JP Soft / Federación

COMENTADOR: El Caballero Heavy

Una nueva compañía aparece, Juana Pueblo Soft. Pero me temo que su primera obra, Odisea, no acabe de convencer. El argumento de tipo mitológico nos sitúa en los parajes sacados de "La Odisea" de Homero, donde deberemos encontrar y vencer a diferentes dioses. En la primera parte exactamente a tres, Vulcano, Minerva y Apolo.

Hablemos de su primera parte. Debemos recolectar los objetos que nos serán útiles para la 2ª Parte. Tras dar vueltas por bosques, selvas, más bosques, más selvas, un poco más de bosques, un poco más de selvas, he llegado a la conclusión que tengo un mapa de 1000 kilómetros cuadrados y bastantes objetos, pero, señores, hay tan pocos retos para el aventurero que el andar tanto y encontrar tan poco, se vuelve aburrido, pesado y monótono. Y es que, a pesar de los objetos que encontramos, sólo unos cuántos mal contados nos van a ser útiles en esta primera parte, ya que la mayoría sólo sirven para la 2ª Parte. Los gráficos son monótonos y bastante pobres.

La 2ª Parte mantiene los extensos mapeados pero no hay gráficos, lo que supuestamente debería dar paso a mil malabarismos con los Psis y situaciones, pero incomprensiblemente mantiene la tónica de la primera excepto en que aquí hay más personajes que vencer y quizás algo más de emoción al plantearse más problemas.

Los nombrados Dioses y algún que otro Psi más son tan simples como en los primeros tiempos de la aventura en España, por lo que la memoria me temo que sólo se ha usado para el extenso mapeado y los gráficos. Y también hay detalles de injugabilidad, como cuando consigues algo en cierta localidad y tienes que coger el objeto que te dan sin indicarte de que te lo dan y ni tan siquiera que aparece dicho objeto, por lo que lo debes coger a ciegas, sin saber ni el nombre del objeto, cosa que tan sólo es realizable leyendo la solución (o con COGER TODO aunque no haya "nada" por coger). O cuando debes ir hacia una dirección que las salidas de la localidad no te muestran, y cuando debes teclear ordenes muy concretas en ciertas situaciones.

También es cierto que la aventura es al parecer del 1990, algo antigua nada más salir al mercado.

Sólo podemos esperar que Juana Pueblo Soft se adapte a los tiempos creando aventuras en la actualidad y con los avances de hoy en día.

AMBIENTACIÓN: 6
JUGABILIDAD: 6
GRÁFICOS: 6
GUION:
DIFICULTAD: 7
VALORACIÓN GENERAL: 6

Nota del autor: "Odisea" es la segunda y última creación de los chicos de Juana Pueblo Soft, Chape y Bobo. En esta ocasión se trata de un juego más elaborado, dividido en dos partes y con gráficos, al menos en la primera parte. Al igual que ocurría en "¿…?" el guion es de Bobo, que en esta ocasión toma mayor protagonismo en la programación. Chape se encarga también de los gráficos.

En el momento de su distribución, en el CAAD se dio inicio a la Federación, una unión de distribuidores independientes, que normalmente se limitaban a sus propios juegos y cuyo catálogo se publicaba en el fanzine. Esta iniciativa tuvo su origen en que yo no podía manejar la distribución de tantas aventuras, pues para entonces la Bolsa del CAAD ya contaba con dieciséis títulos. El resumen argumental de Odisea para su anuncio en la Federación rezaba así: "En la primera parte (con gráficos) debes superar a tres dioses, Minerva, Vulcano y Apolo, además de recoger los objetos que necesitarás en la segunda parte (sólo texto) donde deberás adentrarte en el Olimpo para destruir a Júpiter, dios de dioses, superando antes a Baco, Diana y Plutón".

OLIMPO EN GUERRA

CAAD 25, página 42

VERSIONES: Spectrum

AUTOR: Eduardo José Villalobos

PRECIO: Dominio Público CAAD

DISTRIBUIDOR: Spectrum: Dr. Jekyll o Mr. Hyde; Emuladores: IMD Comp.

COMENTADOR: Javier San José

Dice la leyenda que unos dioses del norte llegaron al Olimpo para enfrentarse con los dioses que allí moraban. Durante la batalla, la diosa Atenea fue avisada y logró escapar. Ahora se encuentra en un futuro donde los dioses han sido olvidados y donde debe encontrar cuatro objetos: un escudo, una lanza, un yelmo y su lechuza. Además debe hacer esto antes del amanecer.

Este es el argumento de la aventura que nos ocupa. Un argumento que nos pone en la piel de, ni más ni menos, una diosa en apuros. En toda esta historia los autores no se han olvidado de incluir el típico antagonista que nos estará 'dando la lata' a lo largo de la aventura. Se trata del doctor Fergú, un hombre que cree que la diosa ha venido para someter a los mortales con sus terribles poderes.

Y aquí empieza la aventura, en mitad de un oscuro callejón, acosada por dos maleantes y sin saber exactamente donde está. Por supuesto, y si conseguimos deshacernos de los dos tipos, cosa no demasiado difícil, tendremos que andar por las calles de la ciudad en busca de los cuatro objetos. Esto no es tan fácil ya que una mujer, medio desnuda, caminando por las calles de una gran ciudad en seguida llama la atención de la policía.

Así es como nos introducimos de lleno en una interesante aventura al estilo de 'Hércules en Nueva York', sólo que esta vez el musculoso Arnold Schwa..zegfrdsne..ger se ve sustituido por una bella mujer.

El argumento está bien llevado y es original ya que son pocas las aventuras basadas en la mitología Griega, un tema que todavía puede dar mucho más de sí.

En cuanto a los gráficos, pues nada, que los he visto mejores y que no aportan gran cosa a la aventura. Por lo demás una aventura bastante recomendable, sobre todo para aventureros experimentados.

AMBIENTACIÓN: 6
JUGABILIDAD: 7
GRÁFICOS: 4
GUION: 7
DIFICULTAD: 6
VALORACIÓN GENERAL: 6

Nota del autor: "Olimpo en guerra" es la única aventura creada por Eduardo José Villalobos. La presentó al Concurso de Aventuras y consiguió superar la primera ronda de eliminaciones. Aunque el juego constaba de dos partes, tan solo la primera estaba preservada, así que localicé al autor, y tras explicarle la actual situación del mundillo retro y

su aventura en particular, me comentó lo siguiente: "La verdad es que me parece increíble que a día de hoy se sigan haciendo juegos para ordenadores descatalogados hace 30 años, y en ocasiones mucho mejores que los que se hacían. Siempre me ha llamado la atención el crear juegos, de hecho empecé programando en BASIC juegos bastante penosos, la verdad sea dicha, y ahora que tengo más tiempo por circunstancias de la vida, y he descubierto esto del retro, me he decidido a recuperar esa afición, primero hacer juegos en BASIC medio decentes y después aprender algo de ensamblador, que es una espina que tengo clavada desde aquellos años, pero esa es otra historia.

En cuanto a las aventuras también tengo idea de intentar hacer algo, aunque me he dado cuenta de que ha cambiado mucho todo, bueno de hecho empezó a cambiar con las aventuras gráficas de Lucasfilm, y ya ha llovido desde entonces, pero más concretamente veo que hay algunas cosas de las aventuras que hoy en día no funcionarían, como los laberintos o mapas demasiado complejos, por ejemplo, o las muertes súbitas que te obliguen a repetir toda la aventura.

Las aventuras las conocí como casi todo el mundo por Microhobby. Por aquel entonces jugarlas en inglés era imposible, pero sonaba fascinante todo lo que contaban de "El hobbit" o de otra aquella que siempre me llamaba la atención, "Bored of the Rings" o algo así creo recordar, y sobre todo de "La Aventura Original". La verdad es que me pareció perfecta, al lado de ella cualquier cosa que pudiésemos hacer con el PAW quedaba deslucida, aunque sabrás mejor que yo que también se hicieron algunas otras que no era tan buenas… por decirlo así.

También recuerdo jugar a algunas otras… "Jabato", "Quijote", "Cozumel" (aunque se me atragantó un poco)… "La Guerra de las Vajillas" me pareció muy divertida, igual era cosa de la edad. También recuerdo una mini aventura...¿"El firfurcio" puede ser?, que era bastante simpática.

Pero lo que sí que me influyó fue un libro, "Crea tu aventura" o algo así, como no había muchos libros disponibles de Spectrum, pues conseguí ese y aunque no valía de mucho, la descripción del juego y como diseñar el mapa y cosas de esas sí parecía interesante. Por lo demás, programar una aventura enteramente en BASIC era… demasiado heavy para mí.

Por desgracia no conservo los cuadernos donde recogía todos los pormenores del diseño. Ya sabes, llega un momento en que piensas que eso no puede interesar a nadie 30 años después (aún me sorprende) y sobretodo porque la vida me llevó por otros caminos que no eran el de la informática. Y sobre las cintas, acabo de recuperar la segunda parte del "Olimpo", así que tienes una primicia". Eduardo me confirmó posteriormente que ha recuperado también la primera parte de otra aventura...

ORFEO Y EURÍDICE

CAAD 29, página 25

VERSIONES: PC

AUTOR: Carlos Martínez Aguirre

DISTRIBUIDOR: CAAD Dominio Público

COMENTADOR: El Caballero Heavy

"Orfeo y Eurídice" es una antigua aventura de 3PSOFT del año 1991 que ahora se ha pasado al dominio público. En ella encarnamos el papel de Orfeo, en busca de su amada Eurídice a la que tendremos que rescatar del más allá (Hades). Como habréis supuesto algunos de vosotros, se trata de una leyenda griega hecha aventura. En ella nos encontraremos con singulares personajes (Pitia o la esfinge) y con unos gráficos muy de acuerdo con el tipo de aventura.

AMBIENTACIÓN: Bastante bien, aunque en la segunda parte se pierde bastante (ver Negativo). Los lugares, personajes y musiquillas (ver SONIDO) contribuyen a ello.

JUGABILIDAD: Muy amena de jugar, aunque la segunda parte es excesivamente difícil (la primera es un juego de niños comparado con la segunda).

GRÁFICOS: Por estar hechos en EGA son realmente buenos, y están hechos en un estilo que a veces nos recuerdan los dibujos de alguna ánfora griega. En todo caso, buenos. Además son coloristas y ambientan.

GUION: Muy bien en la primera parte, pero en la segunda la cosa decae bastante con lo del huevo y no se qué de la alcachofa, ya que en la leyenda griega no creo que saliera nada de eso.

DIFICULTAD: Agradable la 1ª parte, pero en la segunda se nota que estamos en el Hades, más bien es un infierno. Nada más llegar nos encontramos con un laberinto ilógico, y aunque hay acciones lógicas, cuesta de encontrar el hilo.

PSIS: El único que encontraremos que tenga algo de pseudointeligencia es Sócrates, que a diferencia de otras aventuras para PC, a este le podremos preguntar cosas de la forma DI SOCRATES: HOLA, pudiendo controlar la conversación.

SONIDO: Sólo podrán jugar con este apartado los que posean un archivo llamado VPLAY.EXE que se adjunta con el software de la tarjeta SOUNDBLASTER. De otra forma no hay sonido, pero una vez tenemos dicho archivo copiado en el directorio, suenan unas melodías en plan teatro griego algo simples pero geniales para ambientar.

POSITIVO: Sea tan manejable la 1ª parte. Los gráficos de las 2 partes y los interesantes detalles de la vida antigua griega que ambientan. El buen sonido.

NEGATIVO: La dificultad de la segunda parte. Que los textos se corten en el retorno de carro quedando sílabas partidas de mala manera. Y LO MAS IMPORTANTE, que se necesite tener el programa GWBASIC ya que la aventura está escrita con él y no se vende con la misma para no infringir derechos de copia al ser un programa comercial. (Este programa se entregaba junto con las versiones de MS-DOS anteriores a la 5.00.)

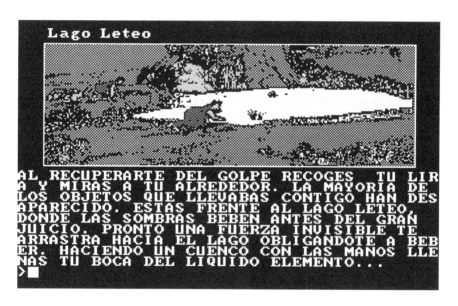

Resumiendo: una buena aventura a la que sólo la dificultad de la 2ª parte le hace perder algunos enteros. Recordad que se requiere tener tarjeta Soundblaster con el archivo VPLAY.EXE para poder oir algo y el programa GWBASIC imprescindible para jugar con la aventura. Y si además es de dominio público, ¿qué podéis perder en probarla? (de la mano de Sócrates, igual nos hacemos un poco más sabios y todo).

AMBIENTACIÓN: 7
JUGABILIDAD: 6
GRÁFICOS: 8
GUION: 7
DIFICULTAD: 9
VALORACIÓN GENERAL: 7

Nota del autor: Esta fue la primera creación de Carlos Martínez, o planseldon, y también la primera aventura no comercial para PC que se vendió a nivel casero. La distribución inicial se inició en mayo de 1991 por parte de 3PSOFT, costando 1000 pesetas y alcanzando las veinte unidades vendidas. Posteriormente, a partir de septiembre de 1993, la aventura pasó a ser de dominio público. Hay varios finales de la primera parte, pero tan solo uno ofrece la contraseña correcta para la segunda parte, y digo correcta porque hay varias según lo que hayamos hecho, y es imposible finalizar el juego si no empleamos la clave apropiada.

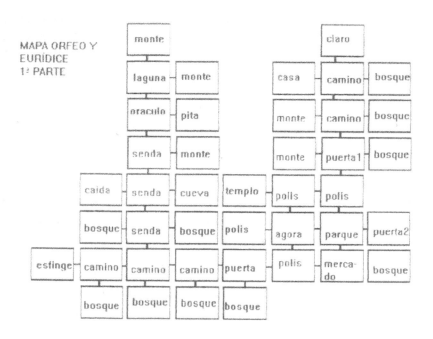

MAPA ORFEO Y EURÍDICE 1ª PARTE

monte

laguna — monte   claro

oraculo — pita   casa — camino — bosque

senda — monte   monte — camino — bosque

caida — senda — cueva — templo   monte — puerta1 — bosque

bosque — senda — bosque — polis   polis — polis

esfinge — camino — camino — camino — puerta   agora — parque — puerta2

bosque — bosque — bosque — bosque   polis — merca-do — bosque

LABERINTO DE LOS PANTANOS

A
A (A) B
B

A
C (B) B
A

C
A (C) B ↓D

B
A (D) E
A

C
F (E) A
C

B
G (F) A
D

H↑ A
F (G) G
C

H
E (H) I
B

I
I (I) I
I

ORILLA2   ORILLA1

CAN   BARCA   CARON TE

ORILLA2   ORILLA1

pantano

cliscos — asfodelo — tartaro   ORFEO Y EURIDICE
                                  MAPA 2ª PARTE

pantano — viejo — pantano

- 161 -

PALACE HOTEL

CAAD 19, página 15

VERSIONES: Spectrum

AUTOR: Carlos García de Paredes

PRECIO: 425 pesetas

DISTRIBUIDOR: 3PSOFT

COMENTADOR: Javier San José

Hay aventuras que impactan por sus gráficos, otras por su buen tratamiento de los PSIs, otras por sus sólidos argumentos y otras por su perfecta ambientación. Desde luego, yo considero que Palace Hotel pertenece al último grupo.

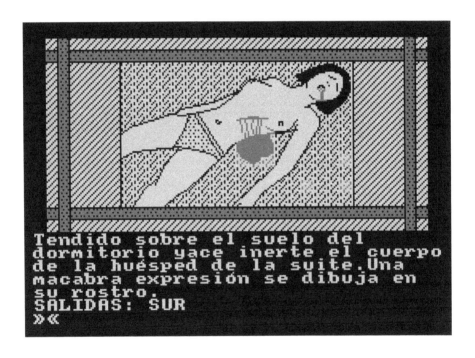

El argumento es de lo más normalillo: como botones de un importante hotel nos vemos involucrados en un macabro caso de asesinato. Nuestro cometido, cómo no, descubrir al asesino. Pero no vayáis a creer que es tan fácil como suena. La dificultad de esta aventura se sitúa entre media y alta, no recomendable si eres iniciado o has jugado a muy pocas aventuras.

El juego mantiene una atmósfera de tensión e intriga muy propia de una novela policíaca. Los pintorescos personajes que pueblan el hotel están bastante bien tratados. El autor parece haber querido darle a cada uno su particular toque personal, lo cual ha conseguido plenamente.

Quizá uno de los puntos flojos es la interacción con los PSIs. Estos entienden pocas o casi ninguna de las cosas que se nos pueden ocurrir decirles, una limitación quizá debida a las escasas 48K que ocupa la aventura. Hubiese sido deseable que los PSIs ayudasen un poco más, ya que apenas se limitan a estar ahí en espera del objeto o la frase que 'dispara' sus acciones.

En cuanto a gráficos, simplemente cumplen su cometido, destacando algunos de ellos por encima de los demás. Una aventura bastante recomendable para aquellos que buscan algo más que buenos gráficos y problemas fáciles o ilógicos.

AMBIENTACIÓN: 10
JUGABILIDAD: 7
GRÁFICOS: 6

GUION: 7
DIFICULTAD: 8
VALORACIÓN GENERAL: 7

Nota del autor: El juego se realizó en el año 1989 y su autor no tuvo empacho en emplear bien grande el logo de Aventuras AD en la primera pantalla del juego. Se presentó al Concurso de Aventuras y superó la primera fase. En el Microhobby 200 se resumió así la aventura: "De detectives. Juegas en el papel de un botones de hotel que encuentra en una suite el cadáver de una mujer. Debes buscar pistas, preguntar a los huéspedes, investigar para poder descubrir el arma del crimen, huellas dactilares, objeto del crimen y al final, trincar al asesino". En el Microhobby 207 se indicaron los motivos de su posterior eliminación, a saber, un argumento no muy sólido y problemas bastante retorcidos. Este juego está disponible en tres versiones: la presentada al Concurso, la distribuida por 3PSOFT –ya sin el logo de AD, añadiendo retoques en las descripciones, programación y más gráficos– y una tercera con más cambios, realizada dos años después.

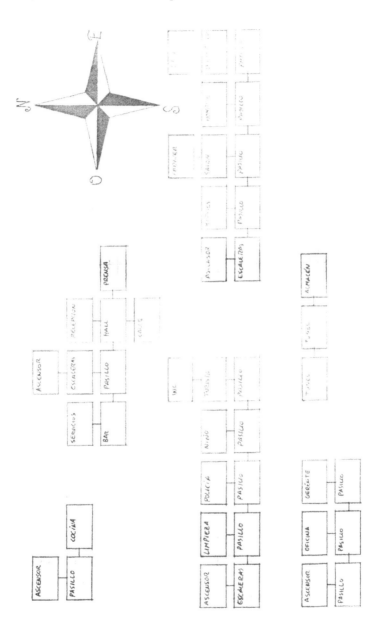

PUEBLO DE LA NOCHE

CAAD 13, página 24

VERSIONES: Spectrum

COMPAÑÍA: Grupo Creators Union

AUTOR: Josep Coletes Caubet

PRECIO: 375 pesetas

DISTRIBUIDOR: Bolsa del CAAD

COMENTADOR: Javier San José

La ambientación está muy conseguida, los PSI contribuyen mucho a dar esa sensación. Responden muy bien y dan sensación de realismo. Todo muy tenebroso… incluso hay alguna que otra historia paralela.

AMBIENTACIÓN: 9

JUGABILIDAD: 6

GRÁFICOS: 6

GUION: 6

VALORACIÓN GENERAL: 7

Nota del autor: Otro de los microcomentarios realizados por Javier en el CAAD 13. Se trata del segundo título del Grupo Creators Union distribuido a través de la Bolsa del CAAD tras "El forastero". Con "Pueblo de la noche" se daría inicio a la Trilogía de Fantasía Medieval que contaría con una precuela, "Idiliar" y una secuela, "El Señor del Dragón" también publicada en la Bolsa y analizada en esta compilación.

RE-EVOLUCIÓN

CAAD 29, página 20

VERSIONES: Spectrum

COMPAÑÍA: Software Atlántico

AUTORES: Daniel Castrillón Otero y Roberto Riola Parada

PRECIO: --

DISTRIBUIDOR: --

COMENTADOR: The Door Keeper

De nuevo, un producto de una nueva casa, en este caso Software Atlántico, aparece en el mercado de aventuras por correo. Con la excusa de tener que ayudar a la aventura conversacional, frente al ataque arcade en un futuro, estos chicos nos invitan a jugar a una aventura de 3 partes, en la que se mezclan las pirámides, lo medieval, lo futuro y el terror.

Con unas cargas dignas de casa comercial, ya se nos indica que la aventura ha sido realizada con cariño. Y así, tras observar las instrucciones en un libro que aparece en pantalla con la primera carga, podremos jugar a una aventura realizada en PAWS, que cuida ciertos aspectos como el sistema de salidas y el teclado inteligente.

El argumento no es el colmo de la originalidad (pufa un poco a "Firfurcio") pero sirve para invitarnos a jugar a un guión bastante cuidado. Por otro lado, los gráficos son bastante aceptables, y aparecen en casi todas las pantallas. Además, en la primera parte, algunos de ellos cambian en función de nuestras acciones.

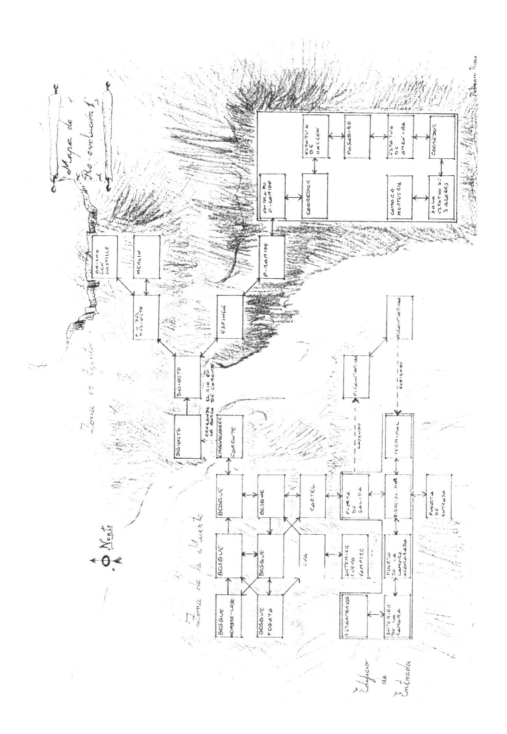

- 169 -

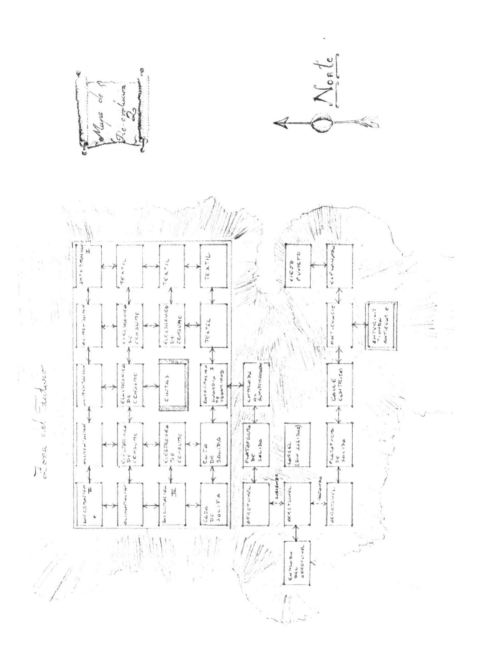

- 170 -

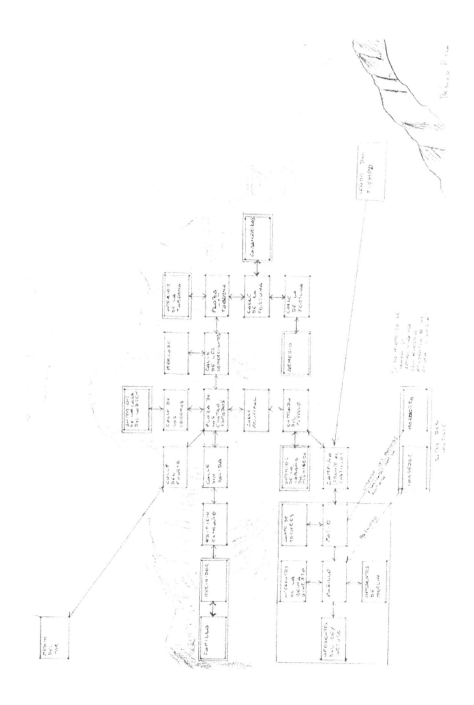

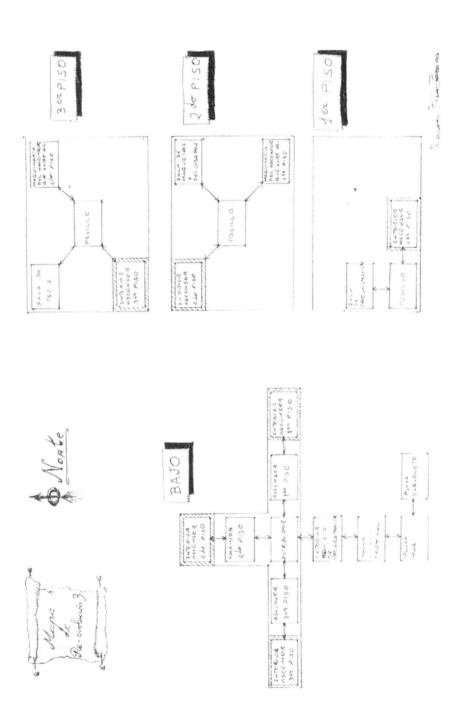

Los PSIs son algo escasos y no muy completos, limitándose a estar. La jugabilidad es aceptable, y gusta ver como los autores se han esforzado en ampliar en poco el PAWS, aunque hay veces que se echa en falta un vocabulario más extenso.

La aventura en sí es bastante amplia, ya que consta de 3 partes. Se desarrolla en diversos ambientes, que sin embargo es el punto más flojo o negativo del programa. Ese "batido" de ambientes impide que el jugador entre en contacto directo con la aventura, y que sienta estar en el ambiente que el programa le propone ya que tan pronto se cambia de un ambiente a otro, como en una época aparecen detalles anacrónicos (espadas láser en la corte de Arturo).

Sin embargo, la aventura presenta un buen repertorio de efectos tanto sonoros como gráficos, que lejos de disgustar, hacen más ameno el juego. Sin embargo, no os llevéis a error, hablamos de una aventura para Spectrum!! Otro detalle bueno es el bonito y cuidado final, que es de agradecer y que no aparece en todas las aventuras.

Los problemas no son muy difíciles, y con un poco de experiencia y de paciencia, la aventura puede llegar a ser finalizada.

Un buen paso de la compañía Software Atlántico, que entra en éste mundillo con buen pie. Esperamos que sigan haciendo buenas aventuras.

AMBIENTACIÓN: 5
JUGABILIDAD: 7
GRÁFICOS: 8
GUION: 6,5
DIFICULTAD: 7
VALORACIÓN GENERAL: 7

Nota del autor: Esta aventura –multiaventura para ser más precisos, ya que cuenta con tres partes jugables más una introducción– es uno de los mejores inicios en el mundo de la creación aventura que he podido ver. Otras óperas primas pueden superarla en algún concepto, como el guion, los gráficos o la programación, pero en conjunto, "Re-evolución" es un producto que podría muy bien haberse vendido comercialmente si hubiese aparecido un par de años antes. Es una verdadera lástima que los coruñeses de Software Atlántico no siguiesen programando, porque

ideas no les faltaban e incluso tenían proyectos, como "Re-evolución II"
y su previsto próximo lanzamiento, "Daedalus", que por desgracia no
fructificaron.

RESCATE

CAAD 17, página 59

VERSIONES: Spectrum 128

COMPAÑÍA: 3PSOFT

AUTOR: Ricardo Oyón

PRECIO: 450 pesetas

DISTRIBUIDOR: 3PSOFT

COMENTADOR: El Maestro Aventurero

Desde luego, este no es un título del que podáis vanagloriaros diciendo a un amigo "mira, lo tengo original". Se trata de una aventura bastante mala, pero antes de dar el dictamen, os comentaré de qué va el asunto.

Según el argumento, somos un grupo de tres astronautas que partimos hacia un sistema poco conocido de nuestra galaxia para realizar estudios topográficos y "faunísticos" (¿no será zoológicos?). El problema viene cuando tras cumplir la misión y estar a punto de regresar, Helm, el mecánico, ha cogido el módulo de evacuación y ha desaparecido. Como es lógico, acto seguido el motor de la nave se ha negado en redondo a funcionar.

Aquí es donde empezamos nosotros, dentro de la nave y con un transportador que nos llevará en el acto a los dos planetas explorados. Empecemos por el aspecto técnico. Al principio del juego hay una presentación (se carga antes del juego) donde nos cuentan esto mismo, con unos gráficos majos y varios efectos de sonido. Por desgracia, el juego de caracteres es el estándar del Spectrum.

Ya dentro de la aventura empiezan las sorpresas... ¡pese a ser un programa en 128 K, sólo admite órdenes en imperativo! Tranquilos, que la lista sigue. No reconoce el LO, con lo que si queremos coger algo y examinarLO, habrá que coger objeto y examinar objeto... una delicia, vamos. Seguimos con los ambientantes textos, plagados de faltas de ortografía y poco ambientantes (valga la redundancia). Llegamos ahora a los PSI, donde nuestro compañero Jim (el otro astronauta) parece retrasado mental, además de bastante maleducado. A cualquier cosa que le preguntes responderá "¿No ves que estoy ocupado?".

Tras estas minucias, vemos que el autor también se ha encargado de depurar muy mucho la programación. Veamos un ejemplo nada más empezar el juego... si examinamos la VENTANA de la sala de control de la nave, recibimos la descripción de lo que aparece en un monitor... y ya avanzando más en la aventura, encontraremos una ciudad con una tienda. Como es lógico, al hacerse de noche cierran, pero si estás en su interior, el dueño no dice ni pío, pudiendo pasar la noche allí si lo deseas. Además, como se te ocurra asomarte a la puerta un momentito, no podrás entrar de nuevo, ya que al dueño le ha dado tiempo de cerrar a cal y canto su establecimiento. Por cierto, de noche no vemos nada, claro, y unos turnos más tarde aparece un mensaje que nos dice que amanece. ¡Pero seguimos sin ver nada de día hasta teclear MIRAR!

Ahora los objetos y su maravillosa sensación de realidad. En un basurero nos encontramos nada menos que un cargador con munición y un robot con una tapa en la espalda, en la que hay que meter... exacto, una batería. Caramba, ni que fuera el conejito de Duracell…

Sin embargo, lo que ya me provocó espasmos fue el desarrollo de la aventura. No técnicamente, que esa es otra, si no argumentalmente.

Resulta que este sistema tiene cuatro planetas habitados, y en uno de ellos usan la radiactividad de modo tan discriminado que están acortando la duración de los días en los demás, aparte de "cerrar" sus órbitas cada vez más hasta hacerlos chocar con el Sol central...

Cualquier lector con una mínima base de física o astronomía probablemente ya haya experimentado un escalofrío por la espalda, y es que... ni en un sistema solar puede haber cuatro planetas de similares características habitados con condiciones de vida parecidas, ni sus días acortarse, ni mucho menos "caer" hacia el Sol... un objeto en órbita está "cayendo" siempre hacia el objeto que le atrae, pero sin alcanzarlo jamás, señor Oyón. La verdad, el autor podía haberse tomado la molestia de corregir bastante su creación.

Antes de concluir, os comentaré el aspecto exterior de lo que recibís si decidís comprar la "aventura". La cinta es de 60 minutos, la habitual en 3PSOFT, no de mucha calidad pero que no suele dar problemas. La documentación que la acompaña consiste en dos hojas tamaño A4 con el extracto del diario del protagonista del juego, unos consejos generales y el resto son flores que se echan al autor. ¡Ah, sí! También hay otra hoja (de color azul la que me mandaron a mí) donde pone el nombre de la aventura y la distribuidora.

En fin, vamos con el diagnóstico... argumento prometedor mal desarrollado, mala programación, peores textos, desarrollo que no hay por donde coger... una maravilla, ¿no? Lo único que se salva de la quema son los gráficos, pero claro, en un 128 K... tras leer ésto, es posible que alguno piense "me parece que se han pasado en éste comentario" y tenéis toda la razón. A mí no me gusta hacer críticas fuertes, siempre destaco los puntos positivos y suavizo los menos buenos, pero ahora me limito a seguir las reglas que se han impuesto, y como dice el refrán, "o jugamos todos, o se rompe la baraja"...

AMBIENTACIÓN: 4
JUGABILIDAD: 4
GRÁFICOS: 7
GUION: 2
DIFICULTAD: 3
VALORACIÓN GENERAL: 4

Nota del autor: El comentario es decididamente duro, pero cierto es que Ricardo, el autor, ha calificado a su creación como "una basura", algo que me parece ligeramente excesivo. Hay que tener en cuenta que su juego quedó por encima del 75% de los participantes en el Concurso de Aventuras de Microhobby. De todos modos, a finales de 2019 Ricardo lanzó una nueva aventura basada en esta, con el original título de "Rescate 2019", en la que se corrigen todos los puntos negativos de la añeja predecesora. Sorprendentemente, la versión moderna carece de gráficos pese a la elevada calidad que Ricardo era capaz de darles, pues por algo fue ganador del 5º Concurso de Diseño Gráfico de Microhobby, en 1991.

ROCHN, LA ERA DE LAS ESPADAS

CAAD 13, página 22

VERSIONES: Spectrum

COMPAÑÍA: Skuat Soft

AUTORES: Aitor Pipaon (programación) y

Jose Ángel Fernández (gráficos y guión)

PRECIO: 400 pesetas

DISTRIBUIDOR: CAAD

COMENTADOR: Javier San José

Tiene bastante buena realización, buenos PSI y, aunque el tema es el tan llevado de las aventuras de este género, está bien realizado. Los gráficos tienen cierto "estilo".

AMBIENTACIÓN: 7

JUGABILIDAD: 7

GRÁFICOS: 8

GUION: 6

VALORACIÓN GENERAL: 6

Nota del autor: Es el único título de la Bolsa del CAAD que aportó su propia carátula, y uno de los primeros en ser enviados al CAAD para su distribución. Por desgracia sería la única creación de Skuat Soft. Se aprecia en el lateral que los chicos de la imprenta metieron la pata, puesto que se les olvidó la "n" de "Rochn". Por cierto, el juego concluye de una forma ciertamente inusual.

SHERIFF

CAAD 24, página 35

VERSIONES: Spectrum

COMPAÑÍA: --

AUTOR: Antonio de Haro León

PRECIO: 400 pesetas

DISTRIBUIDOR: CAAD

COMENTADOR: Antonio Jara de las Heras

Es lamentable tener que empezar mal nuestro repaso, pero SHERIFF no nos deja otra opción. En SHERIFF debemos asumir el papel del ídem de un enfollonado pueblecito del salvaje y viejo oeste. Se trata de una aventura sumamente irregular, y este adjetivo podríamos aplicarlo igualmente a casi cada una de sus facetas. Afirmar categóricamente que es mala resultaría inexacto, porque realmente posee buenos detalles, "trozos" que están muy bien conseguidos. Tampoco escasean las buenas intenciones y las ideas originales, pero el resultado final, literalmente hablando, es éste: Aventura injugable.

Si tuviese que detallaros todos los "bugs" o fallos de programación que he encontrado, llenaría con ellos media revista. al principio uno supone que está ante una aventura difícil y muy poco jugable. Después, la continua aparición de absurdos e inexplicables obstáculos que nos impiden efectuar las tareas más elementales, nos decide a bucear en las caóticas entrañas del programa, encontrando en ellas que la aventura no es que sea más o menos difícil, sino que, salvo error de apreciación, parece absolutamente imposible de terminar.

Lo curioso es que la aventura no carece tampoco de momentos brillantes. La pelea que se arma en el *Saloon* está muy bien tratada, lo mismo que la ambientación general, que recuerda mucho mejor que las otras dos a esas infinitas películas del género. Un bonito sistema de mensajes reensamblables le da a la divertida pelea una vivacidad y complejidad poco frecuentes en una aventura, describiéndonos toda clase de tortazos y burradas.

La irregularidad reina también en los gráficos. Artísticamente no están nada mal, para lo que se suele ver por ahí. Técnicamente tampoco: hay uno que cambia hasta tres veces de aspecto. Sin embargo, y a pesar de que la aventura es para 128 K, resulta que la mayoría de las localidades carecen de ellos.

Igualmente irregulares son el vocabulario y los mensajes, muy insuficientes en la mayor parte del juego. Ahora bien; también tenemos curiosísimos casos contrarios. Por ejemplo, el autor nos brinda la posibilidad de llamar hasta con cinco o seis vocablos distintos a cierto aspecto pudibundo de la femínea naturaleza y ello con un léxico no precisamente académico. En cuanto a los textos, los graciosos hacen gracia y están bien, pero en los serios el autor muestra un estilo literario mas bien flojito.

Irregulares son también los PSI. Los hay que hablan por los codos, y los hay que ni se inmutan, vamos. Para concluir, la impresión que nos produce SHERIFF es exactamente la de una aventura sin testear y sin terminar.

AMBIENTACIÓN: 8,5

JUGABILIDAD: 4

GRÁFICOS: 6

GUION: 6,5

DIFICULTAD: 0

VALORACIÓN GENERAL: 4

Nota del autor: "Sheriff" fue la única aventura que realizó Antonio de Haro, que contaba con una edad superior a la habitual del resto de participantes del Concurso de Aventuras, a juzgar por el bigote que lucía en la foto de grupo publicada en el Microhobby 212 de julio de 1991. Quedó entre los siete finalistas que acabaron conviertiéndose en ganadores ex aequo. El juego se distribuyó a través de la Bolsa del CAAD al igual que el resto de ganadores, excepto la aventura de Morbosoft, pues ellos trataron de realizar más versiones con el DAAD y distribuirla por su cuenta, cosa que lamentablemente no sucedió.

THE KILBURN ENCOUNTER

CAAD 25, página 41

VERSIONES: Spectrum 48/128k, Emuladores.

COMPAÑÍA: SCP Hackers

AUTOR: José María Enguita González

PRECIO: Dominio Público CAAD

DISTRIBUIDOR: IMD Comp.

COMENTADOR: Javier San José

Algunos os llevaréis las manos a la cabeza y clamaréis al cielo en busca de ayuda al ver esta aventura. ¿Otra de esas sin pies ni cabeza, en cuyo argumento se mezclan el Santo Grial con un grupo de boys-scout pelmazos?, pues sí, otra de esas en las que si encuentras el Santo Grial no te habrás enterado de como lo has hecho ya que el grupo de boys-scout te habrá 'agarrado' y llevado no se sabe donde.

Esta es una de esas aventuras en las que el argumento no es importante ya que apenas existe, en las que hay que saber para qué sirve el papel de un caramelo aparte de su obvia utilidad (pues cual va a ser, ¡hombre!, ensuciar la calle).

Si sois de aquellos a los que os gustan las aventuras en las que para cruzar un rio hace falta un pollo de goma, o en las que un turista con un baúl lleno de pequeñas patitas os meta en un montón de follones, pues creo que esta también os gustará. Pero si sois de aquellos que prefieren una aventura cuyos problemas están planteados según una lógica, o que precisan de horas de investigación para resolver un enigma, ya podéis olvidaros de 'Kilburn'.

En el tema gráfico, 'Kilburn' tiene gráficos pero su valor estético es bastante bajo y no aportan nada por mejorar la aventura. En fin, lo dicho, una aventura que puede romperte la cabeza, literalmente hablando.

AMBIENTACIÓN: 5

JUGABILIDAD: 5

GRÁFICOS: 4

GUION: 3

DIFICULTAD: 6

VALORACIÓN GENERAL: 4

Nota del autor: Existe un juego comercial con el mismo título, "Kilburn Encounter". Fue realizada por TanSoft para el Oric-1 en 1983, y el juego de los SCP Hackers parece estar basado en él no solo por su título, sino por encontrarnos con situaciones análogas. En el Microhobby 201, mientras se comentaban aventuras participantes en el Concurso, fue resumido del siguiente modo: "Es un juego disparatado, hecho por los pacientes de un psiquiátrico y que se desarrolla en una ciudad inglesa. Hay palabras mágicas para teletransportarnos y obtener dinero y debemos visitar varios lugares muy conocidos como el Albert Memorial Hall, conocer a los miembros de la Orquesta Filarmónica de Berlín o a los forofos del Manchester United e incluso acabar con un enormemente peligroso conejo asesino".

¿QUÉ ES EL CAAD?

Muy posiblemente el avezado lector ya esté al tanto de la obra y milagros del CAAD, el Club de Aventuras AD, el fulcro desde el que se movió el Mundo de la Aventura para los aficionados al género, y lugar de reunión de todo impenitente aventurero que seguía disfrutando de las aventuras conversacionales cuando dejaron de ser un género comercial.

Pese a ello, puede haber nuevas incorporaciones al mundillo, así que vaya aquí un breve resumen de qué es el CAAD, y quede bien claro que digo ES y no ERA, porque no solo ha seguido activo desde 1988, sino que ahora está experimentando un resurgimiento consecuente con el que a su vez experimenta el mundo retro.

El CAAD se creó como una iniciativa propia de quien esto escribe. Yo era aficionado a las conversacionales, jugaba lo que aparecía en España comercialmente y compraba por correo al Reino Unido cuando podía. De hecho, mis primeros pasos con la lengua de Shakespeare las di jugando aventuras…

Quise conocer a más aventureros como yo para formar un club e incluso desarrollar un juego entre varios de nosotros, sin saber que Andrés Samudio estaba haciendo exactamente lo mismo con dos juegos, "Sabotaje", que fue abandonado y "La diosa de Cozumel".

En el Microhobby 164 de marzo de 1988 apareció mi anuncio, y hete aquí que fue leído por Carlos Marqués, futruro grafista de Aventuras AD, comunicándoselo al mismo Samudio, que tuvo a bien concederme una audiencia al respecto.

> ● **BUSCO** adictos a las aventuras conversacionales para formar un club y si es posible, crear una preferiblemente de Valencia. Juan José Muñoz Falco. Avda. Suecia, 4. Valencia. Tel.: (96) 369 95 71.

Tras la conversación samudiana, se llegó al acuerdo de que el club que tenía proyectado se crease en colaboración con Aventuras AD –que se fundaría unos pocos meses después de la conversación– para emplear el club y una publicación periódica como medio de expresión y contacto. Por desgracia, la colaboración "oficial" de Aventuras AD se limitó a la tirada inicial de la publicación, el fanzine del CAAD, y eso fue todo, quedando desde ese momento el destino del CAAD en manos de las aportaciones de sus suscriptores.

Debo decir que la creación del club y fanzine, que para mí han estado siempre casi indisolublemente unidos, fue una experiencia tan agradable como descubrir los juegos de aventura. Por supuesto habría sinsabores, problemas de retrasos, de impresión, de envío y mil cosas más relacionadas con la realización y distribución de una publicación, por modesta que sea, pero me permitió también estar en contacto con gente brillantísima, tanto entonces como ahora.

Siempre tuve en mente la idea de crear una pequeña publicación semiprofesional, que al menos se mantuviese a sí misma, pero el CAAD siempre fue deficitario en el aspecto monetario, teniendo que cubrir personalmente las pérdidas. Sin embargo, traté de incluir en él todas las mejoras que pude, tanto en calidad de impresión, realizándolo por imprenta en lugar de seguir siendo el manojo de fotocopias grapadas como se inició, y toda una serie de contenidos que abarcaban todo el espectro de preferencias de los aficionados al géneros, e incluso incluyendo algunos más. En el CAAD había noticias, comentarios, cursos de programación, resolución de dudas, mapas, pasatiempos, opiniones, noticias… incluso se llevó adelante un libro-juego.

No solo quise que la publicación fuese lo más completa posible, sino que cuando Internet empezaba a despuntar, se crearon grupos de noticias (newsgroups) en Usenet, posteriormente en Yahoogroups, se desarrolló la página web y los foros, así que nadie podrá decir que el CAAD no ha innovado. A día de hoy he vuelto a sacar un CAAD en papel, más concretamente en PDF para que se lo imprima quien quiera, el CAAD 50, para conmemorar el 30 aniversario de la publicación del primer CAAD, el número 0 de abril de 1989.

Y ahora mismo, recién iniciado 2020, estoy reuniendo material para el CAAD 51, así que la cosa sigue. ¿Durante cuánto tiempo? Pues mientras yo siga por aquí, al menos.

CAAD

¿QUÉ ERA LA BOLSA DEL CAAD?

La Bolsa de Aventuras del CAAD fue la forma que tomamos en el CAAD para poner al alcance de sus miembros aventuras creadas por ellos mismos. Inicialmente se trataba exclusivamente el Spectrum, pero se incluyeron varios títulos en PC, Atari ST e incluso uno para Commodore Amiga. Había un precio fijo por el soporte e impresión de la carátula, a lo que se sumaba lo que cada autor quisiera obtener por copia vendida.

ZX Spectrum

1- *Historias de Medialand* (350 pesetas) de Javier San José

2- *Las cavernas de Fafnir* (350 pesetas) de Wazertown Works

3- *Keops, el misterio* (385 pesetas) de Óscar García Cagigas

4- *Wiz Lair* (350 pesetas) de Atlantic Soft

5- *Rochn, la era de las espadas* (400 pesetas) de Skuat Soft

6- *El examen* (375 pesetas) de Burga's Adventure

7- *El Forastero* (375 pesetas) de Grupo Creators Union

8- *Pueblo de la noche* (375 pesetas) de Grupo Creators Union

9- *Roco* (400 pesetas) de Francisco Bretones Castillo

10- *El Señor del Dragón* (450 pesetas) de Grupo Creators Union

11- *El Anillo* (400 pesetas) de Juan Antonio Paz Salgado

12- *Memorias de un hobbit* (400 pesetas) de Javier San José

13- *Midnight* (400 pesetas) de Wazertown Works

14- *Sheriff* (400 pesetas) de Antonio Haro León

15- *Johny Vayna* (400 pesetas) de Pedro Amador López

16- *Espejos* (400 pesetas) de Pedro José Rodríguez Larrañaga

PC (MS-DOS)

    1- *Jabato* (750 pesetas) Versión EGA de Aventuras AD

    2- *La liberación de Silvania* (800 pesetas) de FJAP

    3- *Khurdian* (800 pesetas) de Iceberg Soft

Atari ST

    1- *Don Quijote* (1000 pesetas) Versión de Aventuras AD

    2- *Carvalho* (1000 pesetas) Versión de Aventuras AD

Amiga

    1- *El Pacto* (800 pesetas) de Role Team Design

Las seis últimas inclusiones en la lista de Spectrum fueron las ganadoras del Concurso de Aventuras, para que los socios del CAAD también pudieran disfrutarlas. Tan solo *Dr Jekyll vs Mr Hyde* se quedó fuera, puesto que sus autores trataron de distribuirla por su cuenta.

El *Jabato* en EGA era una versión exclusiva del CAAD, puesto que el título distribuido comercialmente tan solo tenía los cuatro colores de las tarjetas CGA.

Don Quijote y *Carvalho* para Atari ST fueron también versiones exclusivas, realizadas por Aventuras AD para Dinamic, que finalmente decidió no publicar.

AGRADECIMIENTOS

Por supuesto, este compendio no habría sido posible sin los esforzados comentaristas que tuvieron a bien dar su parecer sobre los juegos en boga por aquel entonces, así que vaya aquí mi agradecimiento a:

Javier San José
El Caballero Heavy
Aquel que odia a Chiquito de la Calzada
Cristóbal Colón
Josep Coletes Caubet
Antonio Jara de las Heras
Víctor Manuel Jara de las Heras
El Maestro Aventurero
Dark Master
JON
Daniel Carbonell
The Door Keeper
Antonio Olvera Calderón

Y más por supuesto aún, ellos no habrían podido comentar nada, y este compendio no podría existir, ni apenas habría existido el CAAD, sin los aún más esforzados creadores que se dejaron las pestañas desarrollando sus aventureras creaciones, así que me descubro, me inclino y cito con afecto a:

Juana Pueblo Soft (Chape y Bobo)

Hermanos Jara de las Heras

Imperial Soft

Aventuras Level 10 (Jorge Louzao Penalva)

Morbosoft (Juan Carlos Pérez Walls y Jaime Alfonso Pérez Moriano)

Peñazo Soft

Juan Gabriel Covas Egea

Julio García Ibarbuen

Daniel Pérez Espinosa

Raúl Ortega Palacios

Asier Burgaleta

Pedro Amador

Grupo Creators Union (Josep Coletes Caubet)

Alberto R. Cuesta y Alberto Cabrerizo (Aventuras Españolas)

Javier de Miguel

Role-Team Design

Pedro José Rodríguez Larrañaga

Mandrágora Software

Antonio de Haro León

Iceberg Software (Jorge Casares Aguayo)

Thedar Works (Roberto Bernardo Cagigal)

3PSOFT

Soporte Lógico 3P (Carlos Martínez Aguirre)

Aventuras FJAP (Francisco Javier del Águila)

Kame Soft

Videotex (Boris)

JSJ Soft (Javier San José)

Wazertown Works (Carlos Sisí)

Advanced Adventure Creations (Juan Manuel Martín Castillo)

Mago Soft (Cristóbal González y Miguel Fenech)

Carlos García de Paredes

Software Atlántico (Daniel Castrillón y Roberto Riola)

Ricardo Oyón

José María Enguita González

Qué curioso… el lector sagaz muy probablemente se habrá fijado en que algunos nombres también aparecen con seudónimo… y otros coinciden en ambas listas. El Mundo de la Aventura es realmente un pañuelo.

GLOSARIO

Si no estás seguro del significado de esas misteriosas siglas, acrónimos o términos que se repiten por todo ese libro, una rápida consulta a este glosario te sacará de dudas.

AD: Siglas referidas generalmente a Aventuras AD, la única compañía profesional española que se dedicó en exclusiva a las aventuras conversacionales. También puede hacer referencia a la previa Aventuras Dinamic, por las iniciales.

BASIC: *Beginner's All-purpose Symbolic Instruction Code*. Lenguaje de programación de alto nivel que solía formar parte de la ROM (memoria de solo lectura) de los ordenadores de 8 bits como el ZX Spectrum.

CAAD: Club de Aventuras AD. El club de aventureros más veterano de España, innovador en casi todas las facetas, y con la más larga trayectoria, iniciada en 1988 y que se prolonga hasta hoy.

DAAD: Diseñador de Aventuras AD. El *parser* empleado por Aventuras AD para crear sus seis títulos comerciales entre 1989 y 1991.

GAC: *Graphic Adventure Creator*. Un *parser* de Incentive Software con el que se realizaron varias aventuras comerciales.

NMP: *Necromancer Parser*. Un *parser* para PC realizado por Carlos Sánchez a principios de los años 90.

PAW: *Professional Adventure Writer*. Un *parser* de Gilsoft basado en el anterior *Quill*, con el que se han realizado gran cantidad de aventuras, incluyendo la mayoría de las presentadas al Concurso.

PAWS: *Professional Adventure Writing System*. Otra denominación para el anterior.

Parser: Analizador sintáctico. Es un programa que analiza una cadena de símbolos de acuerdo a las reglas de una gramática formal. En los juegos de aventura se emplea para interpretar los comandos del jugador.

PSI: Personaje Seudo Inteligente. Al igual que el juego, un PSI no es más que un conjunto de rutinas que reacciona a tus comandos. Según lo bien programado que esté puede dar la ilusión de inteligencia al ser capaz de responderte lógicamente, ayudarte o desplazarse y actuar por propia iniciativa.

SINTAC: Sistema INTegrado para el desarrollo de Aventuras Conversacionales. Un *parser* para PC desarrollado por Javier San José a principios de los años 90.

www.ingramcontent.com/pod-product-compliance
Lightning Source LLC
Chambersburg PA
CBHW051051050326
40690CB00006B/680